JAK BYĆ
ZAWSZE
MŁODĄ
PIĘKNĄ
I BOGATĄ

Grażyna WOLSZCZAK

Iwona L. KONIECZNA

JAK BYĆ ZAWSZE MŁODĄ PIĘKNĄ I BOGATĄ

Pozdrawiam! ♡

Gabuluuch

Droga Czytelniczko,

moja fotografia na okładce jest aktualna.
Ja naprawdę wyglądam właśnie tak.

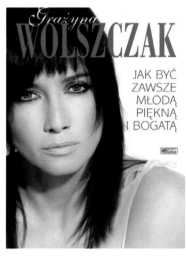

Oczywiście pod warunkiem, że sztab specjalistów (charakteryzator, fryzjer, stylista) poświęci
mi roboczą dniówkę. Że zostanę oświetlona
przez mistrza fotografii (w tym wypadku Magdę
Wunshe). Że do dalszej obróbki zostaną wybrane
najlepsze ujęcia z kilkudziesięciu, Photoshop
w wydawnictwie zaś będzie obsługiwał grafik-
-profesjonalista. W takim korzystnym układzie,
w takich dekoracjach – z każdej da się wycisnąć
wampa, prawda?!

No tak, ale oprócz tego ja jeszcze wyciągnęłam szczęśliwy los na genetycznej
loterii: sauté też jestem olśniewająca – jak twierdzi ten przystojniak Cezary Harasimowicz (a ja chętnie mu wierzę) – acz bardziej ludzka niż na tym zdjęciu.
Mam przebarwienia na twarzy, cellulitis na udach i inne niedoskonałości, które
zaraz z radością opiszę.

Ponadto i owszem, przed dwudziestu laty poprawiłam sobie chirurgicznie
nos (więcej informacji na str. 101), ale uczciwie za niego zapłaciłam, więc bez-
dyskusyjnie jest mój. Zresztą to było tak dawno, że nieprawda. W gruncie rzeczy
ja ten nos już zasiedziałam, jak Malinowski hektary pod lasem. I pora na amne-
stię: nie dam sobie wypominać nosa przy byle okazji.

Poza tym nie zrobiłam chyba niczego z tego, o co bywam posądzana.
W szczególności zaś nie przeszłam liftingu; jeśli nie wierzysz – przyjdź na spotkanie autorskie, kochana. I sprawdź osobiście: nie mam blizn po skalpelu!

A jednak stanowię biologiczny oraz zawodowy fenomen: role amantek syp-
nęły mi się dopiero koło czterdziestki! W wieku, w którym amantki kuśtykają na
emeryturę!...

Jestem zatem jak ten dinozaur, odkopany w torfie wśród okrzyków zachwytu: Boże, jak on się świetnie zakonserwował! Jak ta dolina Rospudy, która zawsze tu była, lecz nikt o niej nie wiedział. I właśnie dlatego zgodziłam się napisać ten poradnik. Żeby praktycznie i wyczerpująco odpowiedzieć na pytanie, które często słyszę: Jak pani to robi, że... tak pięknie wygląda?! Czytaj: jakim cudem wciąż jeszcze jest pani na chodzie?!

Odpowiedź niby prosta: wiem, jak być zawsze piękną, młodą, zdrową i bogatą. W praktyce: trzeba się na tę urodę, na to zdrowie i powodzenie nieco naharować. Przede wszystkim nad zmianą myślenia o sobie i otaczającym świecie. W określonym systemie, który, mam nadzieję, Cię zainteresuje i posłuży Ci z równie przyjemnym skutkiem.

Twoja – wciąż na chodzie

Grażyna Wolszczak

z Cezarym, sesja dla „Gali"

na kilka dni
przed rozwiązaniem
próba w teatrze

Rozdział 1

MĘKA PORODU, A PRODUKT – NIEZNANY

Figurę miałam taką samą jak teraz, tylko z przodu wyrosła mi nieduża piłka. Boleć zaczęło gdzieś koło jedenastej, koło drugiej wsiadłam do malucha. A potem rodziłam tę piłkę na Karowej. Metodą naturalną. Z osiem godzin. Dość szybko jak na pierwsze dziecko.

Intuicja macierzyńska mi mówiła, że będę miała dziewczynkę, Julię. Ale intuicja zdała się psu na budę, bo urodził się chłopiec. W dodatku był siny i ta barwa bardzo mi się nie podobała. Oni nad nim cmokali z zachwytem, że zdrowy, 10 punktów w skali Apgar, a ja się zastanawiałam, czy to normalne, czy każda kobieta rodzi syna w kolorze wielkanocnej kiełbaski? Potem go zabrali, żebym trochę odpoczęła, a po paru godzinach przynieśli mi w zawiniątku noworodka ze strasznie długimi, stojącymi na sztorc czarnymi włosami. Więc się zbuntowałam: „Tyle tutaj ślicznych dzieci wozicie w tych taczkach, a mnie przywozicie jakiegoś Turka!". Pani położna była skonfundowana. Nie przywykła do tego rodzaju poczucia humoru.

Miłość wstąpiła mi w duszę dopiero po pewnym czasie. Może dlatego, że podczas całego porodu czułam się ofiarą tych cholernych oszustów ze szkoły rodzenia. Bo ja tam byłam prymuską: poród miałam dosłownie w małym palcu, obkuty na blachę. Miałam w notatkach, a i w praktyce przećwiczone oddychanie; bo jak się odpowiednio oddycha, to nie boli! A w ogóle to nie są żadne bóle, tylko skurcze! Więc jak przyszło co do czego, to uczciwie oddychałam, przysięgam. Ale bolało tak, że byłam pewna, że umieram i już nikt nie może mnie uratować!

Może oni tak łżą w żywe oczy w dobrej wierze? Niewykluczone, że z ich fachowej, nieczułej perspektywy to wyłącznie skurcze. Ale ja zdecydowanie wolę wiedzieć, co mnie czeka, i przygotować się psychicznie, zwłaszcza na najgorsze!

Uwierzyłam autorytetowi! Niestety, zawsze przyjmuję to, co się do mnie mówi, w proporcji jeden do jednego. Czyli właściwie każdy spokojnie może mnie ołgać.

Drugie zdarzenie, z innej beczki. To również jednak anegdota o pryskaniu złudzeń.

Otóż, do trzydziestki myłam twarz wodą z mydłem. Jak już mnie bardzo ściągnęło, to wklepywałam, co tam było pod ręką, i to było całe moje dbanie o cerę. Aż do pierwszego zagranicznego wyjazdu, z którego przywiozłam sobie w prezencie śliczne pudełeczko z kremem marki Pond's.

Droga czytelniczko! Nie wiem, ile masz lat, więc nie wiem, czy jesteś w stanie zrozumieć mą ówczesną ekstazę. Jeżeli nie podlegasz lustracji, bo urodziłaś się po roku 1973, raczej nie wiesz, jakim ewenementem był za komuny krem tak pięknie się wchłaniający, tak wonny, w tak eleganckim opakowaniu!

Już patrząc, jak stoi sobie na półce w łazience, czułam się Kleopatrą, królową życia; najbardziej luksusową kobietą na świecie! (a już na pewno za żelazną kurtyną!). Używałam go więc oszczędnie, by jak najdłużej smakować to niebywałe uczucie.

Aż Pond's ostatecznie i nieodwołalnie się skończył.

Gdy wkrótce szczęśliwie skończył się także i ustrój socjalistyczny, zbudowano pierwsze supermarkety, a tam – patrzcie (serce mocniej bije) Pond's!!! Ile kosztuje? Jak to… 11 złotych?! I tak oto czar luksusu prysł.

Trzecia impresja, która mi się teraz nasuwa, dotyczy mojego zawodu. Aktorstwo zmusza do aktywności w przeróżnych dziedzinach; uczy przenikać środowiska oraz daje szansę odnalezienia się w najdziwniejszych „cudzych skórach". Co w sumie pozwala odkrywać w życiu – i w sobie samej – nowe możliwości. I tak niedawno zostałam… piosenkarką. Otrzymałam bowiem propozycję zaśpiewania w duecie ze Zbigniewem Wodeckim piosenki Seweryna Krajewskiego „Baw mnie" na gali Viva Najpiękniejsi, przeznaczonej również na płytę z duetami miłosnymi.

sesja dla „Gali"

Najpierw omal nie pękłam ze śmiechu, bo słuchu nie mam nawet za grosz!

Ale potem zaczęłam się wahać. Zwłaszcza gdy padł argument, że wybrał mnie sam Wodecki. Mężczyzna czarujący i szarmancki, o przyjemności pracy z którym krążą legendy… Do tego zaczęto mnie przekonywać: „małe fałsze wykasują ci maszyny, a poza tym możemy próbować tak długo, aż zaśpiewasz czysto, więc spróbuj!". Wreszcie uznałam, że w końcu aktorstwo to sztuka udawania. Spędziłam w studio ładnych parę godzin, a potem, na koncercie galowym, pięknie udawałam, że w piosence czuję się jak ryba w wodzie!

No i spełnił się cud, o jakim mi się nie śniło. Podpisywałam płytę własnym nazwiskiem w Empiku.

Pora na pointę. Ta książka także urodziła się w bólach, a na widok wydruków ogarniało mnie czasem wrażenie, że ja z tym nie mam nic wspólnego, doprawdy. Ot, znów przywieźli mi jakiegoś Turka na taczkach. Siny kit wcisnęli. W miarę

ze Zbigniewem Wodeckim, koncert Viva Najpiękniejsi 2006

pracy oswoiłam się jednak z myślą, że powstaje moja biografia. Opowieść o życiowych perypetiach, z których wysnułam określone wnioski... oby pożyteczne także dla Ciebie.

Tworzyłam ten poradnik z tą właśnie myślą, żebyś Ty skorzystała na moich niegdysiejszych upadkach. Dlatego też, pomna swojego gorzkiego zawodu podczas porodu – nie doradzam Ci z pozycji „autorytetu", lecz pokazuję, że wiedza, którą się dzielę, nie spadła mi z nieba: sama to przeżyłam, sama z sukcesem w życiu zastosowałam. Przekazuję Ci zatem wyłącznie patenty osobiście sprawdzone; nie grozi Ci więc, że te teoretyczne „skurcze" w praktyce okażą się koszmarnym bólem, a Ty poczujesz się zrobiona na szaro.

Jest to mój debiut pisarski, kolejna niezwykła aktorska kreacja – próba wyjścia z siebie i sprawdzenia się w nietypowym zadaniu. No i oczywiście przy pisaniu jest inaczej niż przy nowoczesnym piosenkarstwie: żadna maszyna nie wykasuje fałszów, nie da się. Bez względu na to, ile by człowiek pisał, zawsze można „zaśpiewać" czyściej – i napisać to lepiej. Mam jednak nadzieję, że czytając „Jak być zawsze młodą, piękną i bogatą" – poczujesz radość, która towarzyszyła mi podczas pisania. I wierzę, że ta książka nie okaże się Twoim i moim kolejnym Pond'sem!... No to w imię Ojca i Syna... zaczynamy.

11

TEST DLA KANDYDATEK NA KURS FILOZOFII KONSTRUKTYWNEGO EGOIZMU

Na początek odpowiedz sobie – i mnie – na przewrotne pytanie: „Po co kobieta żyje?", a od razu zobaczymy, czy w ogóle mnie potrzebujesz. Wybierz tę z trzech odpowiedzi, z którą się najbardziej identyfikujesz (oczywiście są specjalnie przerysowane). I przeczytaj moją odpowiedź...

PO CO KOBIETA W OGÓLE ŻYJE?

A. Celem życia kobiety jest poświęcanie się.
Kobieta, która wciąż nie składa ofiar na ołtarzu dziecka, domu i małżeństwa – jest paskudną egoistką. Ja egoistką nie jestem. Chętnie przedkładam wszystkie wyższe racje nad własne potrzeby i interesy. Nie muszę chodzić do fryzjera i mogę być gruba jak beka – byle dziecko miało zawsze co trzeba, a mąż dostawał w porę kapcie.

Odp. Kochanie, gratuluję Ci! Jesteś równie szczęśliwa w swoim świecie, jak ja w moim. Nie potrzeba Ci żadnych rad: jesteś dosłownie ekspertem!... od innego stylu życia. Może sama napisz o tym książkę?

B. Kobieta musi zasuwać, nie ma czasu dumać nad sensem egzystencji.
Kobieta, chciał nie chciał, musi zejść na własny margines: nie da rady wyrobić się ze wszystkim, więc z czegoś musi zrezygnować. Niestety, oczywiście zwykle oznacza to ograniczenie własnych potrzeb. Robię tak i... Nie oczekuję od rodziny uznania za swoje zasługi, bo i tak go się nie doczekam. Jeżeli naprawdę będzie mi smutno (albo nadejdzie czas rozdawania świadectw), to może wpadnę do fryzjera i zrobię coś z włosami.

Odp. Tak, filozofia konstruktywnego egoizmu – to chyba coś dla Ciebie!
Dowiesz się, że wcale nie musisz się wyrabiać ze wszystkim – w dodatku sama. I, moja miła, w świetle tej filozofii – rodzina też z wielu rzeczy zrezygnuje, chciał nie chciał. Ty będziesz chodzić do fryzjera, zamiast sterczeć wyłącznie przy garach – a wkrótce domownicy zaczną się liczyć z Twoimi potrzebami. Chyba Cię zainteresowałam?!

C. To ma być życie?! – to wegetacja: kobieta to męczennica i niewolnica!
Tkwię w pułapce, jak większość kobiet. Moje interesy się nie liczą, jestem niewolnicą obowiązków, z którą świat liczy się na końcu – i lekceważy jej skargi. Zupełnie nie mam czasu dla siebie – a ta nieustanna harówka odbiera mi sens życia. Czuję się stara. Czuję się zmęczona. Nic mnie już nie czeka – tylko ten kołowrót: praca-dom-dzieci-mąż. Ratunku!

Odp. Z całą pewnością filozofia konstruktywnego egoizmu będzie lekiem na to całe Twoje zło... Lepszym od antydepresanta (chociaż wsparcie medyczne w skrajnych przypadkach może się przydać). Bierz się do studiowania, ale już! – lepiej być zdrową niż neurotyczną!

Mam nadzieję, że już się zorientowałaś: żeby być piękną, zdrową i bogatą – najpierw musisz pracowicie poukładać we własnej głowie hierarchię pewnych spraw – a siebie posadzić na jej czubku.

Rozdział 2

O CO TU WŁAŚCIWIE CHODZI?

Jeżeli stajesz przed lustrem, by kwękać, że coś jest nie tak: włosy trzy na krzyż, oczy za małe, albo że twój tył przypomina zad huzarskiej kobyły – jest to książka właśnie dla Ciebie.

Jeżeli płaczesz w poduszkę, znów nie wiesz, czemu precz odszedł, porzucił! – to także jest książka dla Ciebie.

I, wreszcie, jest ona dla Ciebie, jeśli nie jesteś spełniona bez wyraźnego powodu, ot tak: cicho opadła mgła i słońce zgasło.

Kobiecość to azyl. Najlepsza oaza na takie stany psychiczne. Więc zapomnij, co było! Razem poukładamy te puzzle, z których się składa Twój świat, w pogodną już układankę – chcesz?!

Ale – uwaga!

Jestem tylko aktorką.

Znam się trochę na urodzie, facetach, kreowaniu wizerunku oraz lansowaniu. Bo znać się powinnam. Ciało to moje narzędzie pracy i warsztat. Tak samo jak uczucia, umysł i dusza. Ale nie spodziewaj się po mnie zbyt wiele.

Ja nie jestem guru. Wyrocznia. Autorytet. Żadna ze mnie stylistka, kosmetyczka lub, tym bardziej, trenerka czy lekarka. Przecież nawet gwiazdą nie jestem pierwszej wiel-

„Wiedźmin" – konferencja prasowa.
Zbigniew Zamachowski, Michał Żebrowski, Grażyna Kozłowska (kierownik produkcji), Małgorzata Stefaniak (kostiumograf), Marek Brodzki (reżyser)

kości, supernową ekranu, teatralną diwą. Jestem zaledwie popularną aktorką, znaną z seriali („Matki, żony, kochanki", „Na Wspólnej") i z ekranizacji współczesnych polskich bestsellerów („Ja wam pokażę!", „Wiedźmin").

Prawdopodobieństwo, że mnie znasz z teatralnych kreacji oraz drugoplanowych ról w dziesiątkach produkcji, jest raczej nikłe.

Nie kupuj więc wszystkich sugestii na oślep, jak leci. Moje rady są bardzo konkretne. Sprawdź może najpierw, czy uszyte na Twój rozmiar, bo w ciasnych butach chodzić się nie da, a za duże klapią. I miej zaufanie do swego instynktu, większe niż do moich uwag. Jeśli poczujesz, że musisz wrzasnąć: „ale chrzani durna baba!", to nie krępuj się, wal!

Niczego to nie załatwi, ale przynajmniej się rozładujesz. Może któregoś dnia jednak przyznasz mi rację.

STRONA STARTOWA

Na początek mam dla Ciebie dwie wiadomości: dobrą i złą.
Którą chcesz usłyszeć najpierw?!

⊃ DOBRA WIADOMOŚĆ

numer jeden (gdyż, oczywiście, będą i dalsze)

NIE MA BRZYDKICH KOBIET

Nie ma kobiet brzydkich! Każda znajdzie amatora, zabłyśnie jak meteor. Prędzej, później, wystarczy poczekać: każda ma swój kwadrans (w ostateczności np. u Ewy Drzyzgi).

Ale są (i owszem) takie, co nie wiedzą, że nie ma brzydkich kobiet; nie wierzą w siebie, niepewne swego uroku lub przeświadczone, że wszystko w nich jest beznadziejne, takie, które raz przeżyły swój kwadrans i boją się, że to już wszystko – nic ich więcej w życiu nie czeka. Smutne, nawet zrozpaczone. Oto one! – kobiety po przejściach. Nie wiedzą jeszcze, że każda, zawsze, może być piękna, młoda i bogata!

Zaprawdę i naprawdę: nie ma brzydkich kobiet. Z natury rzeczy jesteś ładna i koniec. A Twoje gadanie, że jesteś najgorsza!... Zawsze są lepsze, kobieto. Idź do tej „najlepszej": pokaże Ci inną, lepszą od siebie. Zapamiętaj na zawsze: niezależnie od tego, jak wyglądasz, zawsze jest ktoś ładniejszy, ale i ktoś brzydszy od Ciebie, niezależnie od tego, jakie masz wykształcenie, zawsze jest ktoś mądrzejszy i ktoś głupszy, niezależnie od tego, ile masz pieniędzy, zawsze jest ktoś bogatszy i ktoś biedniejszy... etc., etc.

⊃ WIADOMOŚĆ ZŁA

numer jeden (gdyż, niestety, będą i dalsze)

NIE MA BRZYDKICH KOBIET

Nie ma kobiet brzydkich (starych, głupich, beznadziejnych itd.).

Niestety.

Każda może zostać twoją rywalką: ta gruba, ta łysa – i tamta z nogami w iks. Uwierz: najbardziej beznadziejna baba może się okazać kobietą fatalną. I odbić Ci faceta.

Bo, niestety i psiakość, nie ma brzydkich kobiet.

Nie w tym rzecz, iż faceci mają fatalny gust (też prawdziwe, swoją drogą). I nie w tym, że pijani w dym – niedowidzą. Problem tu, iż Ona prawdopodobnie ma więcej wiary w siebie niż Ty, wiary w siebie, więc i poczucia humoru, i tego błysku w oku... Oraz wie, że jest piękna, kiedy Tobie to nawet nie przyjdzie do głowy!

Jak zapewne zauważyłaś, wiadomości dobra i zła brzmią identycznie.

To nie przypadek, o nie. To pierwsza przesłanka do zapamiętania i zrąb filozofii wielu szczęśliwych kobiet. WSZYSTKO W ŻYCIU (każda, ale to dosłownie każda sytuacja) MA DOBRĄ I ZŁĄ STRONĘ, od Ciebie tylko zależy, na której z nich skupi się Twoja uwaga.

Na razie chcę Cię zapewnić co do jednego. To nie sztuka zatrzymać zegar, o ile najpierw:

– polubisz siebie (precz z masochizmem!);
– pogodzisz się z tym, że dopóki trwa demoralizacja – dopóty musi trwać re-socjalizacja, nie da się z piątku na poniedziałek zmienić niedobrych nawyków, ale nie zniechęcaj się, z każdym najmniejszym krokiem jesteś piękniejsza;
– zorganizujesz się i zbierzesz w sobie;
– podzielisz ten skomplikowany proces na krótkie odcinki: zadania najwy-żej piętnastominutowe.

Żadna kobieta nie wykroi codziennie dla samej siebie więcej niż kwadrans. Ale z drugiej strony to naprawdę dość, żeby poprawić manikiur. Lub zrobić depilację czy inne niezbędne zabiegi. I na przykład jednego dnia dokładnie przejrzeć wszyst-kie bluzki – odłożyć na bok te, których nie miałaś na sobie przez ostatni rok (a na-stępnie oddać do PCK!), by nazajutrz zro-bić to samo ze spodniami.

Po tygodniu konsekwentnej roboty – szafa jest gotowa. Może zostanie Ci w niej zaledwie kilka ubrań, ale za to wszystkie części odzieży będą do siebie pasować idealnie… I cokolwiek na siebie włożysz – będziesz wyglądała świet-nie. Bezkonkurencyjnie. Nie mówiąc już o tym, że zrobisz miejsce na nowe!

Niekiedy trudno wygospodarować dla siebie nawet kwadrans, żeby na przykład w spokoju poleżeć w aromatycznej kąpieli. Ale przecież te piętnaście minut możesz uszczknąć z życia. I wiele zrobić dla siebie na marginesie in-nych zajęć, mimochodem. Ile minut może Ci zająć włożenie do zamrażarki butelki przegotowanej wody? Albo zmiażdżenie kilku główek młodego czosn-ku i regularne (przez dziesięć dni dzień po dniu) mieszanie cudownego elik-siru? Czy masażu palców dłoni naprawdę nie dasz rady zrobić w drodze do pracy? W maseczce co prawda nie wyjdziesz po zakupy, ale ugotować obiad już możesz.

Zauważ, ile czasu zyskasz dzięki sensownej organizacji pracy domowej, któ-rej nie poświęciłam tu słowa, bo to nie moja branża. Ale… Ale jeżeli nauczysz się efektywnie dbać o siebie – natychmiast też poprawi się Twoje ogólne zorga-nizowanie. Przyrost miłości własnej oraz filozofia zdrowego egoizmu nauczą Cię natomiast skutecznego cedowania obowiązków na domowników (niech kto inny wyrzuca śmieci i myje wannę). A poza tym – czyż głębokie zrozumienie za-sady, że ludzie jedzą za dużo – że dla własnego zdrowia rodzina musi jeść mniej – nie skraca aby automatycznie czasu, jaki poświęcasz na kuchnię? Kobieto, dobra wiadomość – dziś nie robisz deseru!

O matko, zapomniałam o najważniejszym!

Dobrze, aktorka. Ale kto ja właściwie jestem?! Skąd czelność, by doradzać – Tobie?! Skąd znam te patenty?! Czy one są pewne?! I co mi do łba strzeliło, żeby podejść do obcej kobiety jak siostra, żeby życzliwie jej powie... Stop! to dłuższa opowieść! Fura powodów i setka wyjaśnień. Dajże mi zatem kilka minut. Nalej sobie kawy lub wody, wygodnie usiądź, wyciągnij swobodnie nogi.

I posłuchaj.

Dojrzały człowiek jestem, odpowiedzialny, zrównoważony i stateczny. Widziałam niejedno, wiele przemyślałam. A także oberwałam od życia po garbie (nawiasem mówiąc wyprostujmy się obie, kochana, bo nam biust obwiśnie), co mi trwale uzdrowiło hierarchię wartości, wyleczyło z pośpiechu, zrodziło wdzięczność za to, że żyję, i obudziło coś w rodzaju poczucia odpowiedzialności za świat oraz ludzi.

Po latach wahań i niepewności wreszcie osiągnęłam spokój. Czasem zaprawiony lekką euforią. Co najlepsze, wiem, jak mi to wyszło, jak ten stan pielęgnować.

wakacje 2005, Polskie Dni w Kaprum

Przyznasz, niewiele jest takich jak ja: kobiet spełnionych. Zrealizowanych na wszystkich frontach:

– kocham i jestem kochana (mam fantastycznego syna Filipa oraz mężczyznę Cezarego, który, chyba już o tym wspomniałam, patrzy we mnie jak w obrazek);

– dopisuje mi żelazne (prawie) zdrowie;

– moja kariera rozwija się pomyślnie (nigdy wcześniej nie byłam tak zajęta).

Czego chcieć więcej oprócz tego, żeby wszystkim też tak się wiodło?! Albo jeszcze lepiej! Sama widzisz, mam misję!

Warto powtórzyć, żebyś dobrze zapamiętała, kochanie, i utrwaliła sobie na zawsze:

Gala

CO TYDZIEŃ BLIŻEJ GWIAZD

NR 48/49 (222)
od 28 listopada do 11 grudnia
cena **13,95** zł (w tym 7% VA
www.gala.pl
ISSN 1642-5626   INDEKS 36

9 771642 562515

140 stron.
Dwa tygodnie
w sprzedaży

Grażyna Wolszczak
W czym tkwi sekret jej kobiecości?

Tylko w Gali
Ostatni wywiad
z **MARKIEM
PEREPECZKĄ**
Na szybką śmierć
się nie zgadzam

Chcę być żoną!
NICOLE KIDMAN
i jej kolejny mężczyzna

Dziedzictwo muzyki
**HENRYK i DOROTA
MIŚKIEWICZOWIE**
Gram jak mi córka zaśpiewa

W rok po tsunami
PETRA NEMCOVA
Nareszcie wróciłam
do normalności

Wyjątkowe wyzna
AGATA MŁYNARS
Zawsze jest
gotowa na miło

Czterdziestola
PAWEŁ WILCZ
na nowej drodze ży

18

1. WSZYSTKO W ŻYCIU MA DOBRĄ I ZŁĄ STRONĘ

Nic nie jest „płaskie" i jednostronne: nawet monety mają awers i rewers, a geometryczne przestrzenie – swoje wymiary. Tylko od Ciebie zależy, w którym wymiarze żyjesz, tym optymistycznym czy pesymistycznym. Czy Twoja szklanka jest do połowy pełna czy pusta.

2. ZAWSZE JEST COŚ ZA COŚ

Jeżeli postanowiłaś być Supermatką – nie żałuj, że nie zrobiłaś kariery. Jeżeli robisz karierę – nie użalaj się nad swoimi dziećmi, że siedzą w świetlicy. Jeżeli wyszłaś za mąż z wielkiej miłości – nie miej do faceta pretensji, że źle zarabia. Jeżeli wolisz leżeć przed telewizorem – nie płacz, że wisi Ci sadło. Jeżeli...

Wiesz już, o czym mówię? Podejmuj świadomie wszystkie decyzje w życiu. I ciesz się z tego, co masz, a nie frustruj się tym, czego nie masz. Jeśli zaś tymczasem zmieniłaś zdanie i już nie jesteś zadowolona z niegdysiejszego wyboru, to natychmiast weź się do zmian.

Ale z głową. Bo nowy wybór zawsze oznacza nowe: coś za coś. I czy na pewno jest lepszy?

Pamiętaj:
NIE MOŻNA ZJEŚĆ CIASTKA I MIEĆ CIASTKA

Każda sytuacja ma dobre i złe strony – i zawsze ma swoje ograniczenia. Zapominasz o tym niestety, kiedy czegoś pragniesz, pożądasz (WTEDY widzisz same pozytywy! – dlaczego w innej sytuacji nie umiesz?!) – a potem Bóg Cię karze, spełniając Twe marzenia. Możesz mieć mniejsze pretensje do losu, że czegoś nie masz, kiedy przerobisz ze mną ćwiczenie, które rozwija wyobraźnię.

RADUJ SIĘ! – WESEL SIĘ! – ŻE NIE JESTEŚ KSIĘŻNĄ DIANĄ!

Czy wzdychałaś z zazdrością, kiedy TV pokazywała relację ze ślubu w katedrze Westminster? A teraz spójrz na żywot księżnej z innej strony. Pewnie masz cellulitis tak samo jak Lady D., ale... Ty zawsze mogłaś opalać się topless na egzotycznej plaży (lub w Chałupach), bez lęku, że zdjęcia tegoż cellulitisu razem z twoim za małym (za dużym) biustem obiegną wszystkie brukowce Europy! Zawsze mogłaś wyrzucić z domu męża-zdrajcę czy całować się z miłością swojego życia bez ogólnonarodowej afery! No, a cóż kobiecie po brylantach, po najbardziej luksusowej limuzynie, jeśli szofer (pijany?) gna dwusetką prosto na słup pod wiaduktem?!

Hm??! – kochanie, czy ja naprawdę nie mam racji, że lepiej Ci być sobą niż Dianą?!

⊃ ĆWICZENIA PRAKTYCZNE

Usiądź i wymyśl co najmniej jeden powód, dla którego warto Ci się cieszyć z własnej skóry, a nie warto żałować, że:
- nie jesteś Hanną Gronkiewicz-Waltz;
- nie jesteś Paris Hilton;
- nie jesteś Matką Teresą z Kalkuty;
- nie jesteś Grażyną Wolszczak.

Judyta w „Ja wam pokażę" – nagroda
dla najlepszej aktorki pierwszoplanowej
na festiwalu China Golden Rooster
and Hundred Flowers Film Festival
w Sozhou 2007

Ludzie utożsamiają aktorów z ich rolami. To bardzo dziwne, bo niby wiedzą, że jestem aktorką, że to mój zawód, ale kiedy moja serialowa Basia („Na Wspólnej") raz poważnie zbłądziła – wydało się mianowicie, że ojcem jej najmłodszego dziecka nie jest mąż, lecz brat męża – ludzie na ulicy zaczepiali mnie: „Ooooo! Nieładnie, pani Basiu, ale pani narozrabiała!". Czasem tłumaczyłam: „To nie ja, to postać z serialu!". Czasem tylko z zadumą kiwałam głową: „No i widzi pan (pani), jakie to życie!...".

Dobrze, że ogólnie moja bohaterka jest pozytywna, więc nigdy nie spotkały mnie nieprzyjemne sytuacje. Odkąd jedna z koleżanek zaczęła grać wredną postać, pani, u której od lat wybierała warzywa, warknęła: „Proszę nie dotykać!" – i tak zerwała ich miłe stosunki.

W okolicy premiery „Wiedźmina" na dobre zaczęli mnie rozpoznawać widzowie – w łódzkim centrum handlowym ludzie dosłownie pokazywali mnie sobie palcami, zaglądali mi w twarz lub wcale nie dyskretnie, z bliska, oceniali sylwetkę. Nieprzyjemne doświadczenie. Zapewne w stolicy ludzie częściej spotykają na ulicy telewizyjne „twarze" i te nie robią już na nich takiego wrażenia. Przyzwyczaiłam się także do tego, że widzowie przypisują aktorom, prywatnie, te same cechy, które „służbowo" objawiają oni na ekranie. Niekiedy rola tak zrasta się z człowiekiem, iż nawet dziennikarzom zdarzają się pomyłki – jak w tej starej recenzji serialu „Polskie drogi": „Gwiazdą okazał się Kuraś w roli Kaczora". Do tego zainteresowanie widowni (dzięki

z planu „Wiedźmina"

mediom) budzą jedynie produkcje filmowe i telewizyjne, a nie teatralne. Oraz bardzo specyficzne informacje – powiedzmy wprost: obyczajowe skandale z udziałem osób znanych publicznie – co buduje poglądy o „prawdziwym" życiu i osobowości aktorów... Tak powstaje wrażenie, że aktorzy nie są ludźmi całkiem normalnymi, a ich pokręcone życie składa się z serii spektakularnych wzlotów przed kamerą oraz upadków pod obiektywami paparazzich.

Wytwarza się przedziwna sytuacja. Masz wrażenie, że znasz kogoś na wylot, bo oglądasz go codziennie w telenoweli, czytasz o nim w kolorowych czasopismach – no i komentujesz w pracy to coś, co uważasz za jego życie prywatne. Tymczasem o tym kimś, jako osobie, tak naprawdę nie wiesz dokładnie nic.

W tej sytuacji o mnie „wiesz" zatem o wiele mniej niż o barwniejszych osobach z mego świata, gdyż – jak żyję – nie byłam bohaterką żadnego skandalu. To znaczy, nie zrobiłam praktycznie nic, żeby wpaść Ci w oko – chyba że za sprawą tych kilku (czy kilkunastu) okładek, na których rzeczywiście wyglądam bajecznie. Zanim więc zaczniesz czytać o mego życia wypadkach, warto chyba, żebyś chociaż pobieżnie poznała mój życiorys. Wspomnienia muszą mieć jakiś szkielet. A przy okazji zorientujesz się, że moje curriculum vitae niewiele się różni od Twojego. Że jest tak samo nudne i tak samo interesujące jak życiorys każdej przeciętnej kobiety. Takiej, która stopniowo nabywała doświadczenia i rozumu…

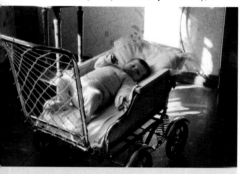

mój pierwszy pojazd

I tak, urodziłam się odrobinę przedwcześnie – pod koniec roku, w grudniu, więc podły los na wstępie postarzył mnie o rok. A potem było coraz gorzej, bo starzeć się zaczęłam dosłownie z roku na rok, skutkiem czego już kilkanaście lat temu specjalistka od PR zabraniała mi ujawniać treść metryki: twierdziła, że popełnię zawodowe harakiri, jeżeli uczciwie napiszę, ile też mam krzyżyków na grzbiecie.

Stop! – wróć! – pomyliły mi się kartki. Tak wygląda początek mego życiorysu w wersji dla pesymistek, który ewentualnie mogłabym napisać, zanim zapoznałam się z szeregiem książek o sile myślenia pozytywnego (i zanim doświadczyłam pozytywnych takiego myślenia skutków). W wersji optymistycznej wygląda on natomiast tak… Urodziłam się w Gdańsku. Jestem jedynaczką ze szczęśliwej rodziny i pochodzę, jak się to ładnie określało, z „inteligencji pracującej": Tata, inżynier budowlany, był całe lata prezesem spółdzielni mieszkaniowej, a Mama szkolną higienistką.

Byłam dobrą uczennicą (niewysokie wzloty, niezbyt bolesne upadki). Po maturze – oraz oblanym egzaminie na psychologię – wyjechałam do Wrocławia, gdzie z marszu dostałam się do legendarnego Teatru Pantomimy Henryka Tomaszewskiego. Tam też pełniłam zaszczytną funkcję „tła" – oraz usłyszałam, że dyplomu u Mistrza na pewno nie zrobię!

Następnie pracowałam w teatrze w Wałbrzychu – i za pierwszym podejściem dostałam się do Akademii Teatralnej (wówczas PWST) w Warszawie. Zaraz po dyplomie trafiłam zaś do Teatru Nowego w Poznaniu. Z eksportowymi spektaklami Janusza Wiśniewskiego objechałam całą Europę i nie tylko, ale… zakochałam się w Marku Sikorze, aktorze konkurencyjnego Teatru Polskiego, który wkrótce po naszym ślubie zdał w Warszawie na reżyserię.

Po kolejnej przeprowadzce do stolicy dostałam etat w Teatrze Polskim, a potem w Teatrze Studio. Urodziłam dziecko, owdowiałam, stanęłam na skraju załamania nerwowego… a potem znowu na własnych nogach zaczęłam pracę w Teatrze Rozmaitości, przeprowadziłam się, zrezygnowałam z kilku kandydatów na narzeczonych, z przyjaciółmi spędziłam kilka cudownych wakacji w Norwegii czy w Prowansji i kilka beznadziejnych sylwestrów bez pary.

Co jeszcze? Tymczasem zagra-
łam w paru filmach, a przed pięciu laty związałam się ze scenarzystą Cezarym Harasimowiczem:
razem mieszkamy i wychowuje-
my mojego syna Filipa, który za
rok będzie zdawał maturę.

To tyle.

Z drugiej strony: aż tyle, gdyż po
drodze nauczyłam się wiary w siebie, sztuki życia oraz nadziei, że to
wszystko dobre, co było moim
udziałem – stanowi zaledwie dobry
początek… Po drodze zrozumiałam bowiem rzecz najtrudniejszą:
człowiek ma tylko tyle szczęścia, na
ile sobie sam pozwoli.

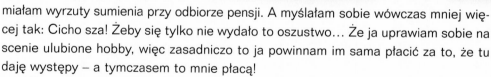

Najłatwiej ten problem opisać głównie na przykładzie pieniędzy – to
rzecz bardziej konkretna niż uczucia,
ale czytając, nie zapominaj, że miłością (także miłością własną!) rządzi
identyczna prawidłowość.

Jeszcze ładnych parę lat po studiach
miałam wyrzuty sumienia przy odbiorze pensji. A myślałam sobie wówczas mniej więcej tak: Cicho sza! Żeby się tylko nie wydało to oszustwo… Że ja uprawiam sobie na
scenie ulubione hobby, więc zasadniczo to ja powinnam im sama płacić za to, że tu
daję występy – a tymczasem to mnie płacą!

Z czasem przyzwyczaiłam się do tego dziwnego układu. Ale minęły jeszcze lata, zanim
uznałam, że jest świetny: kocham swoją pracę, a pieniądze za nią jak najbardziej mi
się należą! I wtedy zaczęłam się zastanawiać nad fenomenem ludzi sukcesu.

 KLUB PIELĘGNUJĄCYCH BIEDĘ

Dlaczego są tacy, którzy nawet gdy wszystko stracą, potrafią błyskawicznie od zera
odbudować fortunę – a inni wiecznie klepią biedę? Jak znaleźć się wśród szczęścia-
rzy, którym powodzenie oraz forsa sama pcha się do kieszeni?

Wiem, wiem, najlepiej wygrać w totka, więc czasem wypełniasz kupon (albo łapiesz
się za pierwsze portki z brzegu), ale skutek marny, prawda? Zastanów się więc, czy
nie należysz do Klubu Pielęgnujących Biedę. Nie szkodzi, że nigdy się nie zapisywa-
łaś. Możesz tam należeć, nawet o tym nie wiedząc.

Jak to sprawdzić?

Otóż członkini Klubu Pielęgnujących Biedę stale narzeka na swoje życie: partnera, rodzinę, ludzi, pracę. Czuje się niedoceniana i niekochana. Martwi się o wszystko po kolei – o pryszcze i nogi w iks, a już zwłaszcza o pieniądze. I narzeka na rachunki (nawet te od fryzjera), marudzi, ile i za co musi zapłacić. Koncentruje się na swoich brakach, wadach oraz długach: żyje po ciemnej stronie księżyca i w tej pustej połowie szklanki. Mówi, że życie jest ciężkie, nudne, nie daje radości.

I takie właśnie jej życie jest.

Członkini Klubu Pielęgnujących Biedę jest więc przekonana, że praca to robota. Czyli nieprzyjemność – i z natury rzeczy nie może przynieść pieniędzy. A małżeństwo to kierat – z natury rzeczy nie może przynieść radości życia. Dlatego też w domu członkini KPB uprawia się zgodę na taki stan rzeczy – oraz kult ubóstwa. Panuje w nim przekonanie, że „namiętność jest tylko w romansach", a „pieniądze szczęścia nie dają" – bo jedno i drugie oznacza ciężkie kłopoty. Cytuje się tam passus z Pisma Świętego, ten o wielbłądzie, który łatwiej przejdzie przez ucho igielne, niźli bogacz wejdzie do Królestwa Niebieskiego.

Członkini KPB uważa, że ludzie zakochani to wariaci, którym na pewno minie, wszyscy zamożni zaś to cwaniacy i oszuści, więc bieda i samotność (także ta we dwoje) jest swoistym świadectwem moralności: uczciwości i przyzwoitości. I dodaje, że „jeśli nie wiadomo, o co chodzi, to na pewno chodzi o pieniądze (albo o seks)".

O tak, pieniądze i seks są potężnymi siłami, więc mogą się stać narzędziem manipulacji. Dlatego członkini KPB, która jej doświadczyła, boi się własnych uczuć i pieniędzy. Gdy słyszy komplement – podejrzewa kant i dochodzi do wniosku, że ktoś ją „urabia", bo chce ją na coś naciągnąć. A gdy otrzymuje prezent, węszy podstęp i zastanawia się, do czego ją to zobowiązuje. Sama zaś wypomina dzieciom nieładny wygląd lub podarki albo stawia warunki: dostaniesz pieniądze, jeśli zrobisz to i to. Lub powtarza nieustannie: „Ty to się niczego w życiu nie dorobisz!", „Ciebie to nikt nie zechce". Prawdopodobnie postępuje tak w dobrej wierze. Chce zmobilizować potomstwo do odpowiedniego zachowania i dbania o siebie, do nauki, do oszczędzania, do szanowania rzeczy, ale w praktyce wychowuje kolejne pokolenie członków KPB: na obraz i podobieństwo swoje.

Bo te często powtarzane od kołyski zdania stają się samospełniającą się przepowiednią – przekuwają się w lęk przed szczęściem oraz zarabianiem, w poczucie własnej niemocy i nieatrakcyjności oraz przekonanie, że na sukces się nie zasługuje... W podły wzorzec, realizowany w dorosłym życiu tak przez dzieci – jak ich matkę, członkinię KPB.

Przyjrzyj się tym przykładom, rozpoznałaś gdzieś siebie? W takim razie – już czas na zmianę. Odkryj to, co ja: każde bogactwo to przede wszystkim stan ducha, stan ludzkiego wnętrza, do którego zewnętrzna rzeczywistość jakimś cudem się dostosowuje.

MIŁOŚĆ TO JEST TO! A PIENIĄDZE SZCZĘŚCIE DAJĄ!

◯ OCEAN SZCZĘŚCIA Sp. z o.o.

Niniejszym proponuję Ci założenie ze mną spółki. Zyskownej, choć z ograniczoną odpowiedzialnością. Z dożywotnimi uprawnieniami w zarządzie.

Uwierz w to samo, co ja: że żyjemy nad oceanem szczęśliwości, dobrobytu, miłości, czyli oceanu bogactwa wszelkiego.

To niczyj ocean.

Taki sam Twój, jak mój; bierz, ile chcesz, za darmo, jak pozostali. Mnie nie ubędzie, jak Ty się napijesz. On jest niewyczerpany, ten ocean, rozumiesz?! Nikomu nie ubędzie! – tam jest szczęścia potąd i dla wszystkich! Nie ma tam racji handel ani wyścig szczurów!... Na plaży nad tą niezmierzoną wodą po prostu pomieszczą się wszyscy. Wszyscy mogą być szczęśliwi. Ty też.

Zrób to samo, co ja – najpierw łyknij sobie z niego na próbę przez słomkę… posmakuj, a potem zbuduj własny rurociąg i czerp co sił.

◯ ĆWICZENIA PRAKTYCZNE

Znajdź czas, gdy nie musisz się śpieszyć, i miejsce, w którym nikt ci nie będzie przeszkadzał. Możesz puścić relaksacyjną, przyjemną muzykę, zapalić świecę. Usiądź lub połóż się wygodnie. Wsłuchaj się w swój oddech: wdech, wydech… Oddychasz miarowo, spokojnie. Jesteś odprężona i rozluźniona, zamykasz oczy. Wdech… wydech… Wyobraź sobie, że stoisz na szczycie łagodnego, porośniętego trawą wzgórza. Piękny słoneczny dzień, na twarzy czujesz powiew leciutkiego wietrzyku. Czujesz zapach łąki. Przepełnia cię uczucie lekkości i radości. Rozkoszuj się nim tak długo, jak chcesz. Wędrujesz przez zielone wzgórza, za kolejnym dostrzegasz złote jezioro. Im bardziej się do niego zbliżasz, tym wydaje ci się większe. Unosisz się nad jego wodami i z lotu ptaka widzisz, jakie jest piękne i ogromne. To nie jezioro, to morze, nie, to cały ocean obfitości. Lecąc niby ptak, widzisz, jaki jest niezmierzony, nieprzebrany… Popatrz teraz na ludzi, którzy czerpią z jego obfitości. Jedni garstką, i woda ucieka im między palcami, inni kubeczkami, wiadrami, jakiś przedsiębiorczy młodzieniec podjechał cysterną, ale są i tacy, którzy budują ogromne rurociągi, aby złote wody obfitości mogły dopływać wprost do ich domów! Każdy może czerpać w bród, ile zechce, bo dla nikogo nie zabraknie. Dlatego ciesz się powodzeniem innych – przecież nie zabierają ci go! Teraz wróć do brzegu i łagodnie wyląduj na plaży. Jesteś gotowa zaczerpnąć z tego nieprzebranego oceanu obfitości? Możesz to zrobić! Nabierz tyle złotej wody, ile tylko chcesz. I pamiętaj, zawsze możesz tu wrócić. Proponuję, byś poprowadziła rurociąg ze złotą wodą z oceanu obfitości wprost do swego domu. Wtedy wystarczy, że odkręcisz kurek, kiedy tylko zechcesz. Dziel się tą obfitością z innymi. Poczuj, jak wspaniale jest być bogatym i dzielić się z ludźmi. Zapamiętaj to uczucie, abyś mogła je przywołać, ilekroć ogarną cię wątpliwości. Czujesz, że masz wszystko, czego potrzebujesz, i z każdą chwilą możesz być bogatsza. Rozkoszuj się tym stanem, jak długo zechcesz. A potem powoli policz od pięciu do jednego, z każdą kolejną liczbą wracając do stanu normalnej świadomości i aktywności.

Nie stukaj się w głowę, proszę. Jakkolwiek nieprawdopodobnie by to brzmiało, uwierz mi na słowo! Nie wytłumaczę Ci, jak to działa, ale przysięgam, działa! Amerykanie sprawdzili doświadczalnie na oddziałach kardiologicznych i onkologicznych w szpitalach; wizualizacja jest skuteczna! Myśl i słowo – każda Twoja intencja – to energia, która ma siłę sprawczą. A modlitwa? To dopiero energia! Co Ci szkodzi wyobrazić sobie ten ocean – i spróbować?

⊃ Przestań wreszcie martwić się o drobiazgi – urodę oraz pieniądze. Im bardziej skupiasz się na brakach i długach, tym bardziej je powiększasz i pomnażasz.

⊃ Życiowe rachunki (w tym – te za prąd) płać z radością (a przynajmniej bez niechęci), nigdy nie zapominaj o tym, jak fajne jest to dobro, za które właśnie płacisz. Ciesz się światłem lampy nad wspólnym stołem i ciepłem akumulacyjnego pieca, jakie się ukrywa za wysoką fakturą z elektrowni. Tak jak jesteś zadowolona z laurki swego dziecka, z jego uśmiechu i miłości – przecież to dziecko jest taką „fakturą", wystawioną przez biologię za chwilę szaleństwa przed laty.

⊃ Obserwuj swoje słowa i myśli dotyczące powodzenia – i eliminuj wszystkie, z których wynika, że Ty na coś nie zasługujesz, hołub wszystkie, z których wynika, że Tobie i wszystkim jest dobrze – a będzie jeszcze lepiej.

⊃ Kiedy widzisz, że komuś się powiodło – uciesz się, bo za chwilę i tobie się powiedzie, naprawdę. NAPRAWDĘ.

PAMIĘTAJ! CZŁOWIEK MA W ŻYCIU TYLKO TYLE SZCZĘŚCIA, NA ILE SOBIE SAM POZWOLI.

Rozdział 3

CZYM SIĘ RÓŻNI CURIE-SKŁODOWSKA OD AMEBY?

Zaledwie rólka, minimalna, ale jednak. Wówczas, to znaczy w latach osiemdziesiątych, był to popularny serial; teraz powraca echem na fali mody na PRL, podobnie jak filmy Stanisława Barei. Czasem ktoś do mnie dzwoni i pyta: „To ty tam grałaś? Widziałem cię". A ja nie mam śmiałości teraz tego obejrzeć. Za to z sentymentem wspominam okoliczności towarzyszące zdjęciom do filmu, bo „07 zgłoś się" to była właściwie moja podróż poślubna. Ślub z Markiem wzięliśmy na Wielkanoc, potem trzeba było wracać do pracy. Więc kiedy dostałam propozycję zagrania w tym popularnym, choć jeszcze nie kultowym serialu, postanowiliśmy pojechać razem. Tym bardziej że zdjęcia kręcone były w Białobrzegach, w naprawdę pięknych okolicznościach przyrody.

Grałam jugosłowiańską policjantkę, która przyjeżdża do Polski w ślad za jakimiś mafiozami. I ginie. Dostałam kulkę prosto między oczy, niczym od strzelca wyborowego. Bardzo mi się podobało, jak mi robili ranę z masy plastycznej, taką dziurę w głowie. Mniej było mi do śmiechu, kiedy trafiona tą kulką na pomoście, wpadałam do wody. Zapadła noc, więc woda była już bardzo zimna. A potem jeszcze ujęcie na trupa z pomostu; w sumie spędziłam w tej wodzie ładnych parę godzin. I nawet nie wiem, czy to ujęcie weszło do filmu.

Wdową zostałam młodo, po trzydziestce.

Mój mąż, Marek Sikora, zmarł w wieku trzydziestu siedmiu lat na wylew. Nigdy wcześniej na nic nie chorował. Dlaczego uważam, że wykończyła go telewizja?

Otóż, Marek już na studiach został uznany za wielki talent reżyserski i tego talentu dowodził każdą kolejną premierą.

Był taki czas, że robił dla teatru telewizji przedstawienie za przedstawieniem. Pewnie był przepracowany, psychicznie wyczerpany, ale trudno to było dostrzec, bo widok zasłaniały skrzydła u jego ramion: uwielbiał swoją pracę. Aż tu nagle ciach! – z dnia na dzień od tej pracy go odcięli. W połowie rozmów o kolejnym spektaklu. Bez przygotowania, podania przyczyny, więc bez możliwości wyciszenia tego kołowrotu w głowie, który ma każdy artysta, urodzony do przetwarzania rzeczywistości w jej wizje.

Marek uknuł spiskową teorię dziejów, nie wiedział tylko, kto i dlaczego go utrącił. Zapętlił się nerwowo, próbując dociec, co się stało. Na próżno starałam się wytłumaczyć mu, żeby nie zajmował się sprawami, na które nie ma wpływu, żeby się skoncentrował na nowych teatralnych propozycjach!

Wszystko na nic. A jeszcze krucho zrobiło się z pieniędzmi: właśnie wybudowaliśmy dom, brakowało na meble (a tych czterdzieści punktów świetlnych, które na razie straszyły smętnie zwisającymi gołymi żarówkami?!), dziecko zapisaliśmy do prywatnej szkoły, ja akurat nie miałam żadnych propozycji pracy i tak dalej.

Wyjechaliśmy na wakacje do Służowa, do teściów, na wieś pod Buskiem-Zdrojem. Po paru dniach wróciłam do Warszawy wynająć nasz dom – niech dom zarabia teraz na nas, a nie my na dom! – i oglądać mieszkania do wynajęcia, na kilka lat, żeby znaleźć azyl na przetrwanie do lepszych czasów.

Pełna optymizmu, bo sprawy zaczynały się wreszcie układać, odebrałam telefon od własnej ciotki.

– Słuchaj – powiedziała. – Weź, usiądź. – Już wiedziałam, że coś się stało. Zrobiło mi się słabo – tego dnia Filip miał jechać na konie. Boże! – Marek nie żyje – usłyszałam w słuchawce. Zabrzmi to dziwnie i okrutnie, lecz w pierwszej sekundzie poczułam ulgę, że Filip jest cały i zdrów.

Byliśmy z Markiem weekendowym małżeństwem.

Reżyserował poza Warszawą, więc i tak pięć dni w tygodniu żyłam, tęskniąc, bez niego. Ale przecież był: mogłam mu się zwierzyć, omówić bieżące sprawy przez telefon, a przytulić – w sobotę. Żyłam w jego kontekście: obecność Marka przy mnie była absolutnie oczywista, tak że potem jeszcze długo prześladował mnie jej cień.

Raz Marek przyszedł we śnie: „Ja ci tylko taki żart zrobiłem. Żyję. Chciałem cię sprawdzić". Wpadłam w furię. Zaczęłam krzyczeć: „I co?! Jak ty to sobie wyobrażasz?! Że po tym

z Markiem, ślub, marzec 1986 r.

wszystkim możemy być jeszcze razem? Jak gdyby nigdy nic?!". Rano zdumiona analizowałam ten sen. Okazało się, że targał mną gniew na Marka, że ośmielił się umrzeć! Że się nie naradził, nie uprzedził! Tak, wiem – to irracjonalne mieć pretensje do zmarłego, że umarł. Ale cóż, moja podświadomość była na Marka wściekła.

Mimo faktu dokonanego, psychiczna pępowina łączyła mnie z mężem jeszcze długo. Ubierając się na jego pogrzeb, zastanawiałam się odruchowo, w co on się ubierze na tę ponurą uroczystość. I zanim przestałam się konsultować z Markiem, minęło kilkanaście miesięcy.

Nie wiedziałam, czy dam sobie radę sama. Ale szybko musiałam się otrząsnąć z depresji, bo trzeba było załatwić mnóstwo spraw. Kiedy człowiek ma dużo pracy, nie ma czasu użalać się nad sobą. Poza tym okazało się, że silny ze mnie gość i dobrze sobie radzę w trudnych sytuacjach. Kiedy nie ma innego wyjścia.

Marek i Filip

Filip po śmierci ojca wymiotował przez całą noc. A już rankiem zażądał, „żeby było normalnie": to znaczy, żeby dziadkowie nie płakali, żeby nie przychodzili sąsiedzi i nie użalali się nad nim. Rozumiałam, że chce – więc i ja chciałam – żeby zaczęło się nowe życie, a nie rozpamiętywanie przeszłości. Natychmiast zabrałam syna na wakacje, nad morze. Potem przeprowadziliśmy się do nowego mieszkania. Filip zaczął chodzić do szkoły. Ale tym, co straciłam z odejściem Marka, było poczucie bezpieczeństwa. Nigdy wcześniej nie czułam lęku, na przykład wsiadając do samolotu, miałam pewność, że nic złego nie może się wydarzyć. Kiedy zostałam sama, każdy lot napawał mnie lękiem, bałam się, że jeśli zginę, Filip zostanie sam. Przed każdą podróżą pisałam testament. W tych testamentach syna i wszystkie sprawy finansowe powierzałam Oldze i Januszowi Stokłosom. Bałam się, że dziadkowie kochają jedynego wnuka za mocno, a w wychowaniu niezbędna jest odrobina dystansu. Stokłosowie przyjmowali moje propozycje jak coś naturalnego. Olga żartowała: „Widzisz, będziemy mieli drugie dziecko". W tym czasie bardzo się przyjaźniliśmy. Kiedy przez miesiąc nie mieliśmy gdzie mieszkać, mieszkaliśmy z Filipem u nich. Przeciągnęło się do trzech miesięcy. Kiedyś Jasiek, wyjeżdżając na dłużej, oznajmił: „Pieniądze są tam i tam, na wszelki wypadek, tak, do ciebie – patrzył na mnie – też mówię". Nie ma co, wzruszyłam się – przyjęli mnie do rodziny!

Dzisiaj patrzę na tamte wydarzenia jak widz – i to przez grubą szybę. Oglądam te same miejsca, ludzi i zdarzenia. Ale to już nie dotyka, nie boli. Czy to właśnie śmierć męża nauczyła mnie filozofii konstruktywnego egoizmu? A może całe moje życie, krok po kroku, nauczyło mnie:

1. zgody na rzeczywistość: akceptuję, oswajam okoliczności, na które nie mam wpływu – dopasowuję się do sytuacji, której nie mogę zmienić, zamiast walczyć z wiatrakami;

2. wiary, że mi się od życia coś należy: coś dobrego, bo JESTEM TEGO WARTA;

3. realnej oceny wartości straty.

A nade wszystko, przejmowania się tylko sprawami kingsajz – i niczym innym.

Te sprawy najważniejsze łatwo odsiać od drobiazgów. Przyjęłam za punkt odniesienia zdrowie i życie. Co nie jest śmiercią albo chorobą, automatycznie stanowi powód do radości. Koniec. Pracę można znaleźć inną, a pieniądze wygrać lub żyć bez sukcesów, ale zdrowia nie znajdzie się na ulicy. Życia się nie wróci.

Obowiązkiem człowieka jest znakomicie i serdecznie dbać przede wszystkim o siebie samego: pielęgnować swoje zdrowie, swoje samopoczucie, swoją radość życia.

Bo od tego zależy los jego najbliższych.

Ameryka?! Nie sądzę. To małe odkrycie, dokonałam go wyłącznie na mój prywatny użytek. Ale mnie to moje odkrycie zmieniło patrzenie na wszystko, co dzieje się wokół. Życie każdego dnia przynosi porcję mniejszych lub większych problemów, więc staram się pielić stresy jak chwasty, z korzeniami, i palić je na stosie. A ubocznym skutkiem tego nastawienia jest... młodość. Bo likwidacja źródeł stresu okazała się bardziej efektywna niż leki na depresję, czy wklepywane z wielkim zaangażowaniem kremy przeciwzmarszczkowe i środki na cellulitis. Wychodzi na to, że starość się ma na własne (nieświadome) zamówienie! Że młodość nie zależy od metryki, lecz od umiejętności bycia szczęśliwym, umiejętności, której można się nauczyć. Krok po kroku. Jak jazdy samochodem czy obsługi komputera.

Och, wiem, to, co uprawiam, nazywano kiedyś prostodusznie i zwyczajnie – higieną psychiczną. Dzisiaj to już niemodne określenie, bo zdrowy (pod względem emocjonalnym) tryb życia został opakowany w psychologiczne terminy oraz ekologiczne hasła. Ale przecież chodzi o to, żeby być szczęśliwą i skuteczną, a nie modną i zagubioną w formułkach specjalistów od duszy, prawda? Uważam więc, że przyda Ci się przypomnienie podstawowych zasad higieny psychicznej.

Ponieważ nie sposób, kochanie, nie mieć zmarszczek – bez równowagi ducha, a równowagi ducha – bez zrównoważonej osobowości.

Praca nad sobą często przynosi na początku przykre albo smutne konstatacje... Ale też szybko skutkuje i ujmuje lat. A to dlatego, że właśnie zachowanie człowieka (ruch ciała i mimika twarzy) rządzi emocjami, a nie emocje – zachowaniem...

Tak, przeczytaj to ponownie: jest odwrotnie, niż myślisz – a naukowcy dawno doświadczalnie udowodnili tę biologiczną zależność. Dowiedli, że śmiech – choćby nawet wymuszony, powoduje wydzielanie się w mózgu endorfin zwanych hormonami szczęścia. Skoro więc sztuczny uśmiech wywołuje poprawę nastroju, to pomyśl, jak świetnie się poczujesz, kiedy zaczniesz siebie sama doceniać, rozumieć, lubić i rozgrzeszać? Gdy zaczniesz być prawdziwie zadowolona z siebie, z ludzi i świata? Gdy dostrzeżesz zabawną stronę rzeczywistości?

Endorfiny wydzielają się także podczas ćwiczeń fizycznych oraz... seksu.

Pomijając więc sytuacje kliniczne i ciężkie depresje, Twoja droga do wyjścia z dołka wiedzie przez uśmiech i miłość, ćwiczenia twarzy oraz aktywny tryb życia. Nawet jeżeli trudno Ci się zebrać – zrób coś drobnego, lecz satysfakcjonującego dla siebie – zafunduj sobie ten kobiecy kwadrans dziennie, do którego Cię namawiam, żeby pomalutku, powolutku, polepszyć sobie nastrój. W gruncie rzeczy – żeby zbudować siebie samą od nowa.

Różnisz się od ameby tym samym, czym różniła się Curie-Skłodowska: masz mózg. Możesz więc teraz przemyśleć własny życiorys, dostrzec schematy swoich reakcji – nie zawsze racjonalnych, zauważyć swoje błędy – i więcej ich nie powielać. Możesz też dostrzec swoje atuty (zamiast je negować czy obwąchiwać z nieufnością) – i zacząć je świadomie wykorzystywać... Zamiast wciąż miotać się na oślep, wciąż zależna od otoczenia i jego (niepewnej) oceny.

Zrób porządek z emocjami, a efekty tej pracy ujrzysz w lustrze.

Myśl pozytywnie

Ernest Hemingway napisał: „Człowiek nie jest stworzony do klęski. Człowieka można zniszczyć, ale nie pokonać". A potem się zastrzelił – więc widać o tym zapomniał.

Ale Ty nie zapominaj: zwątpienie psuje poczucie własnej wartości. Jeśli coś idzie nie po Twojej myśli, powiedz sobie: „No tak – dziś jest gorzej... Ale nie szkodzi. Jutro też jest dzień". W każdej złej sytuacji staraj się myśleć pozytywnie o sobie samej. Człowiek (czytaj: kobieta) nie jest stworzony do klęski.

Bądź miła... dla siebie

Zawsze bądź miła. Zawsze bądź ciepła, dobra – i wyrozumiała. Przede wszystkim dla siebie (dopiero potem – dla innych). Daleko nie zajedziesz z tekstami „ale ze mnie idiotka, kretynka, prawdziwa debilka!". Załóż sobie na buźkę kaganiec; zacznij mówić sobie – i innym (oczywiście, jeżeli naprawdę musisz składać samokrytykę): „To był kretyński wyskok, idiotyczna decyzja, debilny pomysł. Następnym razem pójdzie lepiej". Szczególnie gdy świat Ci nie sprzyja, bądź dla siebie dobra: toć ktoś wreszcie musi zacząć Cię doceniać i dopieszczać – zrób sama ten dobry początek!

Bądź dobra dla bliskich

Wobec bliskich ma się niesprawiedliwe wymagania: wyższe niż wobec innych. Rodzinę najłatwiej sponiewierać, najłatwiej się na niej wyżyć, rozładować napięcia.

Ale Ty nie idź na łatwiznę. Dbaj o domowników. Dbaj o ludzi, z którymi pracujesz – i o wszystkich, z którymi spędzasz czas. Miły sposób bycia to jest to! Bądź serdeczna, bądź uprzejma i elegancka – odpłacą Ci równą monetą. No i po co Ci ryzyko, że nagle znikną Ci z oczu, zmienią adres... wszak nie tylko Ty masz prawo do pozbycia się ze swego życia źródeł stresu – do zmiany swego życia na lepsze. Prawda?

Śmiej się!

Śmiej się z życia. Ale nade wszystko: śmiej się z samej siebie – i uśmiechaj się do siebie. Każda sytuacja ma humorystyczne strony. Strzeliłaś gafę? Zamiast katować sama siebie – wyrzucać sobie brak taktu czy obycia – pomyśl, jak im szczęki opadły: zupełnie jakby kościelny kopnął w witraż. To był wyjątkowo celny strzał, prawda?! Nie da się ukryć, kochanie: jak Ty coś powiesz, to już powiesz! – i czapki przed Tobą z głów! (Ale nie omsknij się aby w drwinę i szyderstwo, bo takie grymasy ryją czoło, a usta pękają w kącikach).

Wprowadzaj zmiany

Jeżeli naprawdę Twoje życie Ci się nie podoba – to je zmień! Zamiast trwać w nieza-
dowoleniu, czekać na księcia z bajki, złoty deszcz – zmień pracę... lub partnera... Albo
– na początek: fryzurę czy tapety w przedpokoju, bo może to wystarczy?!

Eliminuj ludzi – i/lub sytuacje – którzy Cię irytują. Ale przemyśl projekt sto razy (i jak
otrujesz teściową, nie krzycz, że to był mój pomysł!). Bo może prościej oraz bezpiecz-
niej jest zmienić samą siebie – dopasować się – niż przesadzić z twórczymi zmianami?

Nie zadręczaj się sobą

Masz braki – oj, masz! – ograniczenia i słabości.

Albo je zmień – albo zaakceptuj. Bo każdy ma którąś nóżkę bardziej...
oklapnięte uszko... Więc jeżeli Ci się nie chce zmieniać, to przestań się
również i truć: jesteś, jaka jesteś, finito. Niech inni się martwią, Twoja
osobowość i wygląd to odtąd ich problem. Z błędów przeszłości czerp
natomiast doświadczenie. Albo o nich zapomnij. I to raz na zawsze.

Ustal hierarchię ważności

Bez zwłoki załatwiaj tylko i wyłącznie sprawy istotne, by jak najszybciej
przestać się nimi przejmować. A resztę sobie daruj: świat się nie zawali, jak pozmy-
wasz jutro (albo pozmywa ktoś inny).

Nie bierz też na siebie za wiele zobowiązań. Bo się nie wyrobisz – i przygniotą cię
drobnostki, ukradną ci Życie. I słuchaj, co Ci w duszy gra. Bo jeśli sprawy (z pozoru)
ważne mówią: „Zrezygnuj, a poczujesz się lepiej" – to posłuchaj tego apelu. Nie za-
rzucaj sobie lenistwa, lecz jak Scarlett O'Hara odłóż sprawę. Pomyśl o tym jutro (może jutro...). Odczekaj. Bądź cierpliwa. Może to faktycznie głupstwo?

Zawieraj umowy

Zawieraj konkretne umowy ze sobą – i ze światem. Określaj swoje zobowiązania
szczegółowo i precyzyjnie. Definiuj pojęcia, terminy, zakres zajęcia. „Jutro poćwiczę"
– ma inny sens niż „o siódmej rano zrobię 50 brzuszków". „Będę zmywać" także oznacza coś innego niż „pozmywam dzisiaj po kolacji". Uczciwie wywiązuj się z powinno-
ści, ale nie dawaj się wrabiać w ich rozszerzanie. Oraz rozliczaj innych z ich zadań
– chyba że masz etat krzywdzonego Kopciuszka!

Naucz się mówić „nie"

Najlepiej mów NIE bez usprawiedliwień (o które jeszcze nikt nie poprosił). Po prostu
NIE (i amen). Tak uważasz, kropka, do widzenia.

Mów NIE wyraźnie, jednoznacznie, spokojnie. Ale nie podnoś głosu. Mów cicho – aż
za cicho. Jeśli zapytają, przysuwając się do Ciebie: „Słucham?!...", wówczas – z mi-
łym uśmiechem! – powtórz stanowczo: NIE.

Uwaga! – najczęściej to stanowcze NIE trzeba powiedzieć sobie samej.

Naucz się słyszeć „nie"

To nie koniec świata, gdy Tobie ktoś powie: NIE – wcale to również nie znaczy, iż
jesteś do chrzanu, na złom lub na przemiał. Ty jesteś kosmiczna, zasługujesz na
wszystko w najlepszym gatunku.

Nie dali Ci tej pracy?! – dadzą inną, lepszą.

Tutaj się, kurczę, zupełnie nie znają na ludziach – życia byś tu nie miała! Ty się przecież dostaniesz... jak nie tu, to gdzie indziej! Bo świat jest wielki i wszyscy mądrzy się zmieszczą.

Nie chce Cię facet? – jego strata. Może troszeczkę i Twoja, bo on Ci się podoba... Ale kto wie?! – może on tylko tak zachęcająco wygląda, a pod wdzięczną maską kryje się ponury buc?!

Oceniaj realnie wartość spraw

Zanim zaczniesz panikować, rozpaczać, wpadać w gniew – zobiektywizuj problem. Umieść go w kontekście swych przeżyć i doświadczenia, w perspektywie dłuższego czasu. Czy ta sprawa będzie istotna za dziesięć lat? Nie, na pewno nie! – no to czy warto teraz się nią gryźć?! Wyluzuj, bo tymczasem tylko sobie narobisz zmarszczek pod oczami!

Jeżeli sama nie umiesz się uporać z problemem, to o nim mów! Zwierzaj się ludziom, do których masz zaufanie. Wysłuchaj ich opinii. Spójrz na ten wrzód cudzymi oczami, a wtedy się zdystansujesz. I z Kilimandżaro nagle zrobi się Giewont: godzina spaceru (w sam raz dobra na figurę).

Odpuść sobie perfekcjonizm

Wykonuj obowiązki najlepiej, jak potrafisz: na full, na maksa. Ale nie przesadzaj: odpuść perfekcjonizm.

Dlaczego? Bo ideałów nie ma. To są wyłącznie idee, wzór z założenia niedościgły, więc czy warto Ci tracić czas i nerwy na walkę o rzeczy niemożliwe? Pomyśl, często urok arcydzieła tkwi właśnie w tym elemencie, który jest ewidentnie sknocony! Kiedy dopiero ta szczypta pieprzu ukazuje wielkość dzieła Mistrza!

Stawiaj sobie realne cele. Możliwe do osiągnięcia. Inaczej perfekcjonizm zabije Twoją radość z każdej pracy, odbierze Ci najżyczliwszego człowieka.

Opamiętaj się

Usiądź na moment na swym apetycznym zadku. Dokąd tak Cię niesie? Do kariery?! Pieniędzy?! I po co tak gnasz?

Spektakularny sukces i duża kasa są dane nielicznym (znam niektórych: nie wszyscy są szczęśliwi). Jakże często dorabiają się jedynie samotności wśród ludzi lub zawału.

Tak czy siak – tyle Twojego, ile tu i teraz (jak mówi moja przyjaciółka Magda Mirek: i tak na końcu gleba, i tak), więc wyluzuj!

Przerwij na moment tę robotę: kota podrap za uchem, wyślij czuły SMS, wyjdź na balkon, zaczerpnij powietrza, w niebo popatrz – pożyj chwilę sama ze sobą. I dla siebie.

Naucz się mówić „tak"

Jeżeli na czymś naprawdę Ci zależy – walcz o to, ryzykuj! Nie siedź cicho w kącie, nie czekaj, aż Cię znajdą i o coś poproszą...

Bo mogą nie poprosić, a Ty będziesz rozżalona i zła, że Cię pominęli, zlekceważyli. Dlatego bierz, co swoje, i bądź czujna. Chwytaj okazję! Czasami trzeba powiedzieć TAK! – bez namysłu.

Ćwicz!

Ruszaj się! – spalaj stres, zanim on zacznie spalać Ciebie. Dwudziestominutowa intensywna gimnastyka zdecydowanie zmniejszy Twój stres.

Ale pod dwoma warunkami. Poćwiczysz naprawdę – co najmniej – przez dwadzieścia minut. Bez żadnego oszustwa. Dwadzieścia minut z zegarkiem w ręku (i wyłączoną komórką) – co najmniej – trzy razy w tygodniu. Inaczej sobie daruj; walcz ze stresem na inne sposoby.

⊃ PROBIERZ DEPRESJI WG KATARZYNY LENGREN

Stajesz przed lustrem, przyglądasz się sobie nieuważnie i polujesz na pierwszą myśl, która na własny widok zakwita Ci pod czaszką:

⊃ zjadłabym ciastko (a dużo ciastek poprawi mi nastrój) – lekka depresja;
⊃ jestem stara (gruba, brzydka, beznadziejna) – średnia depresja;
⊃ nieodzowna operacja plastyczna – stan ciężki.

Jak widać – im mniej miłości własnej, tym gorzej…

⊃ RELAKS BŁYSKAWICZNY

Jak odpoczywać w biegu? Jak błyskawicznie się zregenerować i rozluźnić? Sprintem uciec od stresu?

Krótka drzemka

Ten sposób wskazał Napoleon Bonaparte: krótka kilkunastominutowa drzemka! – też staram się o sjestę. O ile to możliwe, między godz. 15.00 a 16.00 wyłączam się z życia na dwadzieścia minut (nie dłużej! – godzinny sen rozbija mnie na kawałki!).

Drobna przyjemność

Podaruj sobie chwilę! I zrób coś, co sprawi Ci prawdziwą przyjemność – Tobie. Tobie i nikomu innemu. Ja w tym celu funduję sobie masaż. Daria Widawska wsiada do samochodu – i jedzie przed siebie… bez planu, bez celu. Renata Dancewicz wskakuje do łóżka i czyta Agathę Christie. A Ty – co Ty zrobisz, żeby się wylogować z codzienności?!

Domowe spa

Zapach olejku z mięty pieprzowej lub rozmarynu, dolanego do kąpieli w wannie, napełni Cię energią. Poza tym nigdy nie zapominaj, że spa masz pod własnym prysznicem (jacuzzi i hydromasaż niekonieczne). Poczytaj doktora Kneippa, by poznać szczegóły: tu obiecuję, iż nacierając się odpowiednio ręcznikiem (zawsze w kierunku do serca) po naprzemiennym pryszniku, pobudzisz do działania krwiobieg, czyli realnie odmłodzisz skórę o kilka lat.

Naprzemienny prysznic

Specjaliści zalecają taki zabieg dwa razy dziennie – rano i wieczorem. I tak się musisz umyć, więc myj się z sensem: zapisz flamastrem na kafelkach sekwencję 20:10, a zegarek nastaw na 2–4 minuty.

Wyreguluj wodę, by była przyjemnie ciepła (nie gorąca) – postój przed strumieniem 20 sekund. Potem dodaj zimnej wody (aby się stała przyjemnie zimna, ale nie lodowata, jak źle radzą ludzie starego chowu! 10 sekund. I znowu – raz jedno, raz drugie, aż zabrzęczy komórka, że pora kończyć. Kończysz kąpiel – pamiętaj – zawsze pod chłodną strugą!

Nie przedłużaj tej kąpieli, zrobiłaś, ile mogłaś – idź dalej.

Masaż twarzy

Palcami wskazującymi uciskaj lekko punkty przy nasadzie nosa, w oczodołach oraz pod brwiami. Powtórz to kilka razy.

⊃ GIMNASTYKA TWARZY

Przy okazji masażu twarzy pamiętaj też o jej gimnastyce. Zważ, że Jaś Fasola nie wygląda na swoje lata. A śp. Louis de Funès zmarł gładszy, niż ustawa przewiduje. Dlatego po trzydziestce weź się za gimnastykę twarzy, żeby mieć zmarszczki o 80% płytsze niż zmarszczki kontrolnej grupy kobiet. Łatwiej Ci będzie walczyć ze swym charakterem, kiedy szybko dostrzeżesz efekt wygładzenia skóry.

Jak wyprasować czoło?

Mocno przyciśnij palce do czoła tuż nad brwiami – i spróbuj unosić brwi do góry raz za razem. Przytrzymuj mięsień opuszkami palców. Tak by próby ruszania brwiami były bezowocne (skóra ma się napinać, ale bez ujemnego skutku, czyli marszczenia się).

Jak zapobiec opadaniu powiek?

Przez kilkanaście sekund intensywnie mrugaj (tak jakbyś poznała faceta przez internet, a na pierwszej randce się okazało, że to sam Hugh Grant leci na Ciebie jak pershing). Potem na około pół minuty mocno zaciśnij powieki. Następnie skórę na skroniach przyciśnij opuszkami palców i teraz znów spróbuj – mimo oporu – mrugać, mocno zaciskając powieki.

Jak zlikwidować pionowe zmarszczki u nasady nosa?

Unikaj ściągania brwi – bo jak tu powstaną zmarszczki, to naturalną metodą ich nie usuniesz (chociaż codzienny masaż na pewno je wygładzi). A to ćwiczenie rób kilka razy dziennie przy byle okazji: opuszkami palców masuj skórę (łagodnym ruchem głaszczącym – ale z naciskiem!) od nasady nosa nad brwiami ku skroniom (lewą ręką ku lewej, a prawą – ku prawej).

Jak uniknąć zwiotczenia skóry wokół ust?

Przez trzydzieści sekund układaj wargi tak, jak przy bardzo poprawnym wymawianiu litery „O". Potem odpocznij przez moment (zamykając usta). Powtórz ten układ fizjonomiczny jeszcze pięć razy, nie zapominając o odpoczynku. To proste ćwiczenie wygładza również zagłębienia biegnące od skrzydełek nosa do kącików ust.

Jak się ustrzec bruzd nad górną wargą?

Otwórz lekko usta i „naciągnij" mocno górną wargę na zęby. Przetrzymaj ją tak przez około siedem sekund. Odpocznij i powtórz ćwiczenie jeszcze pięć razy. Postaraj się, żeby mąż Cię wtedy nie oglądał, bo jak na tej podstawie wystąpi o rozwód – to każdy sąd go zrozumie.

Każde z ćwiczeń powtórz ze dwadzieścia razy – wykorzystaj aktywnie przerwę na reklamy!

⊃ ĆWICZENIA OCZU

Ćwiczenia oczu to nie tylko trening dla ich mięśni – lecz także relaks. Warto je powtarzać kilkakrotnie w ciągu dnia (są tak dyskretne, że nikt ich nie zauważy):

⊃ Popatrz za kochasiem, który odszedł w siną dal – jeśli pracujesz przed komputerem, pozwól wzrokowi wędrować co pewien czas w dal, najlepiej za okno, w niezmierzony błękit.

⊃ Pokaż wszystkie plomby – nawet jeśli nie czujesz potrzeby, „sztucznie"ziewnij sobie z całego serca, aby pobudzić gruczoły łzowe, co korzystnie wpływa na oczy.

⊃ Ciemność zobacz, zobacz ciemność! – kilkakrotnie potrzyj mocno o siebie wewnętrzne powierzchnie dłoni i ułóż je lekko zgięte na oczach. Oczy możesz zostawić lekko przymknięte. Po chwili poczujesz rozluźniające ciepło: wtedy z uwagą popatrz w tę głęboką czerń, która nagle się pojawi pod powiekami.

⊃ KOSMETYCZNY LUKSUS

Większość zabiegów kosmetycznych ma silne działanie relaksujące. Kiedy ktoś się Tobą zajmuje – a jeszcze masz w perspektywie piękny wygląd osiągnięty za sprawą tych wszystkich cudownych substancji i urządzeń – już Ci się robi lekko i sennie... Skutki pielęgnacyjnych zabiegów niekiedy są natychmiastowe, co poprawia nastrój w kosmicznym tempie. Te zaś, które nadchodzą z opóźnieniem, są za to długofalowe i wszechstronne. Niektóre mają sens tylko w seriach.

Moim ulubionym miejscem jest Miejska Farma Piękności. Nie dość, że zabiegi skuteczne i hiperprzyjemne, to jeszcze, jeśli zabiegana, długo się nie pojawiam, przystojny doktor dzwoni: „Dlaczego pani nie przychodzi?". To dopiero luksus, prawda? Polecam Ci gorąco moje ulubione zabiegi kosmetyczne:

⊃ Mikrodermabrazja – czyli mechaniczny peeling.
Jest to głębokie złuszczanie naskórka kontrolowanym strumieniem mikrokryształków. W praktyce jeżdżą Ci po twarzy specjalną maszynką jak odkurzaczem.
Rozróżnia się dwa rodzaje mikrodermabrazji: korundową oraz diamentową – a Marilyn Monroe nie darmo powtarzała, że brylanty to najlepszy przyjaciel kobiety. Po serii 3–6 zabiegów masz skórkę jak niemowlak; można robić raz na pół roku, ja dużo rzadziej.

⊃ **Endermologia** – podciśnieniowa metoda walki z cellulitem (i modelowania sylwetki).

To wielka maszyna masująca: przez pół godziny po całym ciele jeżdżą Ci dwie ruchome rolki, które zasysają fałdy skóry i poprzez intensywny drenaż powodują likwidację poduszeczek tłuszczowych, które tworzą pomarańczową skórkę.

Endermologia wymaga serii zabiegów (od 10 wzwyż), jeden–dwa razy w tygodniu.

⊃ **Mezoterapia bezigłowa** (na igłową nigdy się nie zdecydowałam, brzmi zbyt inwazyjnie) – zabieg, podczas którego pod skórę wtłaczane są za pomocą prądu substancje ze specjalnych ampułek zawierających superskomplikowane preparaty (w zależności od problemu dobierany jest harmonogram zabiegów). Skóra przez 30 minut zabiegu wręcz pochłania te dobrodziejstwa, odwdzięczając się potem pięknym wyglądem; jest napięta, nawilżona, dotleniona, elastyczna.

orską powoduje
skórka. Pod wpły-
szcza i zabiera
e. Potem na ca-
ka. I znów ciepło
dżywiona i nawil-

wie
ystwie preparatu
p (nie ma to nic
ma postać żelu

aperem
Wygląda jak po-
stu aparatem do
tu i pojędrniania.
va się w zależno-
stosowuje się do
działam, Thalgo
nie, pobudza do
na kolagenowo-
e działa na blizny

opoczucia i no-
przemiłymi pra-
yraźną poprawę
apieli nie widać
e więcej energii
są o dziesięć lat

omu za pomocą
Thalgo, o dzia-
tżywczym, a tak-
pieli z tabletkami

Konsultacja:
, Instytut Thalgo

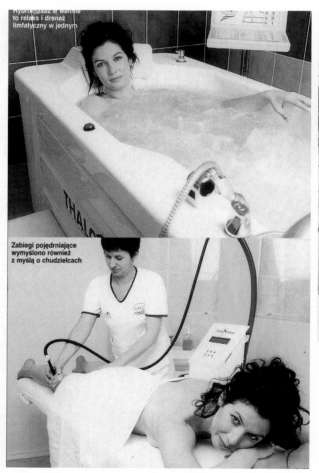

Hydromasaż w wannie to relaks i drenaż limfatyczny w jednym

Zabiegi pojędrniające wymyślono również z myślą o chudzielcach

Nawet jako kobieta dojrzała, możesz mieć ciało dwudziestolatki. Tak jak **Grażyna Wolszczak**, aktorka, ostatnio wróżka Yennefer z „Wiedźmina", która ma czterdzieści dwa lata i by zachować młodość, wcale nie używa czarów. Opracowała Ewa Komorowska, zdjęcia Boba Zochniewicz

sesja dla miesięcznika „Pani",
marzec 2002 r.

Aha, wypróbowałam dużo różnych zabiegów spa. Są cudne, człowiek w trakcie odlatuje, zapomina o bożym świecie. Jednak gdybym miała do wyboru różne przyjemności, zawsze wybiorę masaż klasyczny. Nie ma co gadać. Masaż klasyczny to jest to.

⊃ NATURALNE METODY ZAPOBIEGANIA ZMARSZCZKOM

Wszystkie mikstury sporządza się w szklanych naczyniach, używając niemetalowych narzędzi: łyżek, tarek etc. Wybierz sobie receptę (uwaga, niektóre są smaczne też do wewnątrz!...). Nie będę udawać, że regularnie stosuję te przepisy; podobnie jak z ruchem – w domu trudno mi się zmobilizować, muszę wyjść na siłownię lub do gabinetu kosmetycznego. Ale może Tobie pójdzie lepiej, bo to przepisy wypróbowane i godne polecenia.

⊃ Pęczek natki pietruszki gotować w 0,5 litra wody przez pół godziny. Następne pół godziny studzić wywar w temperaturze pokojowej. Odcedzić, zamknąć w szczelnym słoiku. Odstawić w ciemne miejsce na 2 dni.
Nacierać twarz płynem rano i wieczorem, nie zmywać.

⊃ Dobrze wymieszać 1 żółtko, 1 stołową łyżkę gliceryny, 1 stołową łyżkę miodu. Nakładać maseczkę na twarz rano i wieczorem na 10–15 minut.

⊃ Dobrze wymieszać 100 g miodu ze startą cytryną (w całości, ze skórką). Uwaga! Cytrynę wcześniej porządnie wyszorować!
Codziennie nakładać na twarz na 10–15 minut.

⊃ Dobrze wymieszać 100 g miodu i 100 g podgrzanej wódki.
Codziennie nakładać taką ciepłą maseczkę (na twarz, a nie na język) na 15 minut.

Dodam, że Małgosia Niemen stosuje na twarz maseczkę z kiszonej kapusty. Hania Śleszyńska nie dotyka twarzy wodą – używa tylko płynów do zmywania – w dodatku tych delikatniejszych: do oczu.
Agata Kulesza stosuje zaś własnej roboty wywar z pietruszki (przepis dr. Tombaka). Oto on: 100 g korzenia pietruszki drobno posiekać, zalać wrzątkiem i gotować przez kwadrans pod pokrywką. Odstawić na 20 minut (aby się troszkę przestudził). Odcedzić, wlać do słoika, dodać 1 stołową łyżkę soku z cytryny. Dobrze wymieszać, odstawić w ciemne miejsce: przecierać tym płynem twarz rano i wieczorem – wybiela przebarwienia i likwiduje zmarszczki.

⊃ TYBETAŃSKIE RECEPTY ODMŁADZAJĄCE

⊃ Żeby twarz zawsze wyglądała świeżo, a pod oczami nie tworzyły się zmarszczki – należy pić jedną szklankę kefiru lub zsiadłego mleka (raczej koziego) na czczo.

⊃ Żeby białka oczu zawsze były białe i czyste, a oczy świeciły aksamitnym blaskiem – należy pić codziennie 50 g soku z korzenia pietruszki.

⊃ Żeby z wiekiem nie zmniejszały się oczy, należy przed snem masować oba małe palce u rąk; a żeby zapobiec starczej dalekowzroczności – codziennie masować po 3 minuty oba palce wskazujące.

⊃ Na Wschodzie małżeństwa fundują sobie nawzajem masaż stóp. Rytuał jest zwany szczęściem nóg – likwiduje zmęczenie, poprawia sen i przedłuża życie.

Rozdział 4

GODZILLA KONTRA HEDORA

Oczywiście powstaje pytanie – jak konstruktywnie przemyśleć własny życiorys. Hm… Zaraz Ci pokażę mój sposób. Może okaże się pomocny? Ale najprawdopodobniej będziesz musiała opracować na to własny patent.

Moi rodzice stanowili aktywną parę. I w każde wakacje gdzieś ich niosło. Oczywiście ze mną, biedną jedynaczką, zesztywniałą, znudzoną, w upale usmażoną na miękko w ich plastykowym pudełku na kółkach.

Tamtego lata zaplanowali turystyczną wyprawę nad Balaton – trabantem.

Nie zna życia, kto nie jechał trabantem pyr! pyr! pyr!, pokonując tysiące kilometrów po demoludach, czyli Krajach Demokracji Ludowej! Nic nie opisze męki podróżowania na tylnym siedzeniu trabanta, nie dość, że choroba lokomocyjna przytłumiona jakimiś pigułami, nie dość, że nie ma dzioba do kogo otworzyć, a w dodatku w tym cudzie enerdowskiej techniki nie było klimatyzacji, nie było nawet otwieranych okien!!! Otwierały się jedynie uchylnie dwa skrzydełka, dwa trójkąciki przy kierowcy! (Wiele lat później zleciłam mechanikowi, aby mi w maluchu założył klimatyzację. Tylko postukał się w głowę; klimatyzacja wymaga silnika o dużej mocy).

Gdy cały wóz został już napakowany klamotami, które w tamtej epoce zabierało się ze sobą przy wyjeździe na miesiąc (namiot, dmuchane materace, pościel, kuchenka spirytusowa, garnki i naczynia, turystyczne rozkładane stół i fotele), odważyłam się wyjąkać: „Ja nigdzie nie jadę, odwieźcie mnie do babci!".

Długo nie mogli wyciągnąć ode mnie, o co chodzi.

Arachnofobia.

Lęk przed pająkami to jedyna fobia, jaką miałam kiedykolwiek: najmniejszy pająk mroził mi krew w żyłach. Możesz więc sobie wyobrazić, jaki wówczas przeżywałam horror. Bo ja widziałam Węgrów bratanków jako pająki ludzkiej wielkości! (Może rozmówki polsko-węgierskie, które rodzice studiowali wieczorami, tak pobudziły moją wyobraźnię).

Z arachnofobii zaś wyleczyłam się dopiero jako dorosły człowiek. Zupełnie sama, po obejrzeniu programu na Discovery o tym, jak to robi fachowy psychoterapeuta.

Mama – Krystyna Wolszczak z domu Łażewska, Tato – Henryk Wolszczak

Jak? Posadził przerażonej pacjentce ohydnego pająka na ręce i zaczął namawiać do pogłaskania. „Zobacz, jaka milutka tarantula! Bzi-bzi-bzi-i, jakie ma mięciutkie futerko!". Wskutek jego nalegań pacjentka dotknęła potwora palcem! – i uznała, że futerko faktycznie przyjemne… A po dalszych ćwiczeniach pająk chodził po niej swobodnie ku obopólnej już przyjemności.

Więc i ja zaczęłam oswajać pająka krzyżaka, bo w Polsce trudno o takie pająki w futrze. Nie dotykałam go co prawda, ale uznałam jego prawo do życia obok mnie, i to godnego życia. Wystawiałam poidełka dla pająków! – to znaczy rozstawiałam im po zakamarkach wodę w zakrętkach butelek i słoików. Żeby, spragnione, w poszukiwaniu picia, nie wpadały w pułapkę wanny.

Teraz wynoszę je na klatkę schodową. Bez przesady, kochany, i tak jestem dobra pani. Bo przedtem, w desperacji, nie cofałam się nawet przed zabójstwem. Z nieprzyjemnym dreszczem na plecach, ale bez moralnych skrupułów, takich, jakie miała moja znajoma buddystka, która raz na moich oczach darowała życie obrzydliwemu karaluchowi. Delikatnie złapała robaka, po czym wyrzuciła go z siódmego piętra. W zimie. No cóż, sumienie też nieraz idzie na skróty.

z dmuchawcem i trabantem w tle

Jaki morał z tych błahych historii? A taki, że konfrontacja rzeczywistości z wyobrażeniami o niej jest zdrowsza niż karmienie lęków. Konfrontacja stanowi szansę – dzięki niej można się dowiedzieć, że Węgrzy i pająki to strachy na Lachy. A nawet jeśli się przekonasz, że w istocie było się czego bać, że Twoje przykre przewidywania były słuszne, no to co?! Też jesteś do przodu – konfrontujesz się z konkretną sytuacją, nie tracisz więc całkiem kontroli nad wydarzeniami: możesz albo stawić im czoło, albo uciekać, ujść cało z opresji!

Wierz mi, stresy to skutki Twojej rozbuchanej wyobraźni – nastawionej na fatalne finały. Skutki Twojego własnego czarnowidztwa albo braku asertywności i wiary w siebie. Te myśli: „bo ja tak zawsze…", „bo mnie nigdy nie wychodzi…", „bo to za trudne... ". Zastanów się: jeżeli już na etapie planowania nie wierzysz w efekty, drżą Ci ręce (i dusza), to czy możesz się spodziewać szczęśliwego zakończenia?

Pozbądź się złych mentalnych nawyków, a życie zmieni kształt: kobieta została stworzona do szczęścia, a nie do łez.

⊃ FILOZOFIA KONSTRUKTYWNEGO EGOIZMU

Od dziecka usiłowano wyplenić z Ciebie egoizm. Wmawiano, że egoizm jest be: Ty powinnaś ustępować, dzielić się, troszczyć się o otoczenie, zwłaszcza o rodzinę (a to oznacza: tyrać jak wół za siebie i innych). Zupełnie niepostrzeżenie pozbyłaś się przy okazji miłości własnej oraz poczucia wysokiej wartości. A nie nauczyłaś się dostrzegać i bronić swojego własnego interesu, bez czego trudno w pełni świadomie kierować własnym losem. Dlatego spróbuj teraz spojrzeć na świat inaczej – spróbuj żyć jak ja: z filozofią konstruktywnego egoizmu.

Filozofia konstruktywnego egoizmu zakłada, że:
   ⊃ w życiu zawsze czegoś brak: pieniędzy, czasu, sił etc., więc...
   ⊃ przykro i niestety! Zawsze ktoś czuje się gorszy, niezadowolony – ale...
   ⊃ tą poszkodowaną osobą na pewno i nigdy nie jesteś Ty!
Bo Ty jesteś najważniejsza, kochanie: Twój komfort to racja stanu. Jesteś wręcz zobligowana myśleć o sobie, zajmować się sobą i zaspokajać własne potrzeby. Dla dobra rodziny: inaczej wszyscy hurtem stracą!

Tak, wiem. Myślisz, że mam hyzia! Krzyczysz, że nowe buty dla dziecka są ważniejsze niż szminka od Diora! Niż Twój manikiur!!! O nie, miła pani. Jest dokładnie odwrotnie: masz psi obowiązek zadbać o swój manikiur... (no, chyba że obgryzione paznokcie w ogóle Ci nie przeszkadzają – wtedy znajdź inny przykład). Słucham?! Co mówisz?! Że ktoś musi nie spać, aby spać mógł ktoś?! Że ktoś musi zrezygnować z potrzeb... I dlatego nie masz tej szminki od Diora?! – ręce opadają!... Poświęcasz się bez sensu!

Jeżeli Twoje dziecko i Twój mąż są zdrowi, jeżeli sytuacja jest normalna – to dlaczego niby akurat Ty masz nieustannie się poświęcać? A niechże ciężar niedosytu ponosi też reszta rodziny! – niech każdy z czegoś zrezygnuje! Oczywiście dobrowolnie nikt tego nie zrobi, więc za każdym razem Ty wytypuj sierotkę Marysię. Dziecku zamiast butów Nike kup podróbkę Adidasa, wtedy wystarczy na tę wymarzoną szminkę! Kto powiedział, że trzeba ładować sto procent swej miłości i uwagi (tudzież forsy) w nienasycone paszcze bąków... oraz partnera! Toż im zawsze będzie za mało: ZAWSZE!

Co mówisz?!... Że mądrzejszy i silniejszy winien chronić słabszych?! Przedkładać ich racje nad własne?! Zwłaszcza kiedy brakuje pieniędzy... To błąd w założeniu.
Podobna sytuacja panuje na pokładzie samolotu, gdy następuje dekompresja. I gdy z braku powietrza pasażerowie muszą włożyć maski tlenowe. Komu najpierw podasz tlen: sobie czy dziecku?
Tylko głuptaska odpowie, że dziecku. Bo mądra wie, że najpierw musi pomóc sobie. Gdyż przytomna, dotleniona matka potrafi pomóc dziecku, nawet jeśli ono tymczasem omdleje... A co, jeżeli trzeba będzie nakładać kamizelki ratunkowe, bo sytuacja zrobi

się jeszcze groźniejsza?! Tymczasem matka zdążyła nałożyć maskę wyłącznie dziecku – dziecko jej przecież nie ocuci – i jak naprawdę trzeba będzie działać, to wtedy… zginą oboje…

Już pojęłaś?! To Ty dajesz dzieciom poczucie bezpieczeństwa, Ty tworzysz mężczyźnie domową atmosferę, Ty stanowisz fundament porozumienia i harmonii w otoczeniu, Ty wreszcie – świetnie zrobiona i modnie ubrana – możesz znaleźć lepszą pracę. Ale efektywna jesteś jedynie wówczas, gdy jesteś radosna: szczęśliwa, zrównoważona, zrealizowana i pogodzona ze sobą. W innym wypadku wyładowujesz przecież frustracje na rodzinie. Robisz się dysfunkcyjna, dołujesz – i wszyscy automatycznie mają gorzej. Ty też.

Zatem bez wyrzutów sumienia: szminka to inwestycja w rodzinę, lepsza od obligacji. I nie zmywaj, jak nie masz siły – pogoń ich do zmywania. Poleż na sofie: jesteś zbyt ważna, żeby się przemęczać, zanadto przejmować czy zaniedbywać.

z kotem Elvisem

Twoje zadowolenie z życia jest kluczową sprawą, podstawowym interesem Twoich najbliższych. Czy sobie tego życzą, czy nie – i czy to rozumieją, czy nie – jakość ich życia zależy głównie od stanu Twej równowagi wewnętrznej.

Nie spodziewaj się, że oni to zrozumieją. O nie – zrozumienie Ciebie i Twoich potrzeb nie leży w ich interesie: będą się bronić przed tą myślą ile sił, zwłaszcza że dotąd nie upominałaś się o siebie. Dlatego naprawdę wystarczy, że obecnie Ty sama to zrozumiesz. No i zaczniesz od rodziny wymagać najpierw drobnych ofiar…

Pamiętaj: jak się nerwowo spalisz, jak się fizycznie wykończysz, to im dopiero będzie źle! Zrób to dla nich! Dbaj o siebie!

Rozdział 5

WPŁYW PRZYPADKU

Imię mam po dziewczynce z pociągu.

Bo miałam być Aleksandrą. Ale Ojciec pojechał w podróż służbową gdzieś na południe i trafił do przedziału z wyjątkowo wdzięcznym maluchem. Ze śliczną i rezolutną dziewczynką imieniem Grażynka, która dosłownie go uwiodła, chociaż ledwo umiała chodzić. No i przepadło: wskutek losowania na chybił trafił zostałam Grażyną.

Aleksandrą w życiu nie chciałabym być. Ale fascynacja Taty przypadkowym spotkaniem – i jego siła przebicia u Mamy – była tak wielka, że obecnie dziękuję losowi, iż to urocze dziecko o bujnej osobowości nie miało na imię Sandra, Bettina lub Teodora. Choć obecnie Teodora Wolszczak lepiej może wyglądałaby na afiszach, ale wtedy akceptacja takiego imienia zajęłaby mi więcej niż piętnaście lat, które strawiłam na godzeniu się ze swoją, jak mi się wydawało, niekobiecą Grażyną…

Co ciekawe, odtąd też tak mi się przewrotnie plecie, iż improwizacja ze zbiegami okoliczności nieraz odmieniają mój los skuteczniej niż staranne plany, które czasem usiłuję wcielić w życie. Mniejszy pożytek miewam z przezorności niż z łuta przypadku. Co nauczyło mnie, by nie stawiać oporu przeznaczeniu, czasem lepiej ulec, spasować przed decyzją losu – zobaczyć, co będzie… Niż martwić się na zapas, niż się szamotać, niż uciekać i się bać.

Zmiana dekoracji: Sześć lat temu facet z agencji fotograficznej pokazuje mi album ze swymi dokonaniami, żeby mnie namówić na sesję zdjęciową. Przeglądam bez zainteresowania: jestem zmęczona, nienawidzę pozować i robię to tylko wtedy, gdy naprawdę muszę…

Nagle patrzę: Harasimowicz! – znam go od stu lat. We Wrocławiu zdążyłam zakolegować się z doborowym towarzystwem ze Studium Aktorskiego; Czarek Harasimowicz, Tadeusz Szymków, Gosia Dobrowolska (obecnie megagwiazda w Australii), Sławek Wabik (nie żyje). Bywałam u nich na zajęciach prowadzonych akurat w tym czasie przez Bogusława Lindę.

Przyglądam się ze zdumieniem ramieniu, na którym wytatuowane jest azteckie słoneczko, prezentowane w dodatku z czarującym uśmiechem. Dzwonię do Czarka, żeby pożartować z jego seksownego wizerunku, a tu po drugiej stronie słuchawki grób, mogiła; właśnie po dwudziestu latach małżeństwa świat mu się rozpadł.

Mija prawie rok bez żadnego kontaktu. Aż któregoś dnia, niespodziewanie, dostaję esemes o treści „Pozdrowienia, Cezary M".

Jedyny Cezary M., jakiego znam, to Czarek Morawski (aktor, reżyser, wykładowca Akademii Teatralnej). Ale po co miałby mnie pozdrawiać esemesami?

Przecież akurat razem pracujemy i widzimy się wieczorem! Sprawdzam jeszcze raz – źle odczytałam inicjał nazwiska: pozdrowienia przysłał „Cezary H.". Odpisuję, potem on, za dużo tego pisania, niecierpliwię się. „Chodź, pójdziemy na kawę, może być za pół roku, ale chodź" – proponuję (nie wiem przecież, w jakim jest stanie). Oddzwania natychmiast, umawiamy się, żeby pogadać, no tak w ogóle, co słychać. Okazuje się że… mieszka z mamą, mama przypadkiem kupiła „Panią", na okładce zaś „Pani" moje nieziemskie (!) wprost zdjęcie.

Umówiliśmy się na spotkanie – przyszedł z różą. OHO! – pomyślałam sobie. Nie OHO, tylko elegancki mężczyzna ma w zwyczaju kupować kobietom kwiaty – poprawiłam sama siebie. Ale to spotkanie jakoś tak się potoczyło…

Wiele miesięcy wcześniej w jakiejś loterii wizytówkowej wylosowałam kolację w restauracji Magdy Gessler. I cały ten czas marudziłam: „No i co? No nie mam z kim iść, no przecież nie pójdę z koleżanką!". Więc to ja zaproponowałam następne spotkanie i z całą pewnością była to już randka! A potem zaczęłam życie od początku.

Widzisz, jak pięknie tu zagrała kombinacja przypadków? A może to ktoś na górze ułożył ten scenariusz, a ja tylko mogłam przegapić tę szansę lub złapać ją w lot? Wierzę w to drugie. Za wiele tych „przypadków" w moim życiu!

PANI

CENA 6 ZŁ 96 GR
(w tym 7% VAT)
NR 3 (138) ROK XIII
MARZEC 2002
Numer indeksu 368652
ISSN 1230-8293

WYSYŁAMY CZYTELNICZKI NA FARMY PIĘKNOŚCI

TUSKOWIE
na życiowych
zakrętach

WIKTORIA PADLEWSKA
córka
BEATY TYSZKIEWICZ
pod kloszem mamy

MIRA SORVINO
Nasza dziennikarka
przyniosła jej
szczęście

RAPORT
Życie na kredyt

WIOSNA
w modzie i urodzie
Czego nie można przegapić w tym sezonie:
światowe tendencje, makijaż w trzech wariacjach
GRAŻYNA WOLSZCZAK ujędrnia ciało

ISSN 1230-8293
9 771230 829020
03>

⊃ ZDROWY TRYB ŻYCIA

Kluczem do urody jest zdrowie. Tak to sobie kiedyś wymyśliłam i tego się trzymam! Jak każda kobieta chcę dobrze wyglądać. Jako aktorka tym bardziej, przecież moja twarz i ciało są moim narzędziem pracy. Widziałaś, żeby chory człowiek pięknie wyglądał? No właśnie, ja też nie! Kiedy skóra, oczy i włosy lśnią, kiedy tryskasz siłą witalną – już jesteś pięknością. (Rozejrzyj się wokół: zobacz, jakie to rzadkie u dorosłych, choć powszechne u dzieci i nastolatków). Co istotne – Twoje zdrowie zależy głównie od Ciebie. Tylko w piętnastu procentach odziedziczyłaś je po rodzicach... Za to aż w siedemdziesięciu (70!) jego procentach decyduje o nim Twój tryb życia! Reszta jest w rękach lekarzy. Sama widzisz, jak wiele masz pod kontrolą, a jak mało da się zwalić na przypadek, na geny; większość zależy od Ciebie. Choroba to Twój wybór. Jak tylko mogę, unikam nowoczesnej medycyny: technicznej i chemicznej.

Wolę metody naturalne, marzę, by – tak jak niegdyś chińscy cesarze – lekarzom płacić za to, że nie choruję. I w miarę mi się to udaje. Nie mam większych (odpukać) kłopotów zdrowotnych, a w dodatku – jestem grubo po czterdziestce, a nic mi rano nie strzyka! A już na pewno jeszcze żyję... I to jak! Polecam Ci pod uwagę, jeżeli chcesz urodę zakonserwować na długo:

⊃ Ciało, umysł i emocje pozostają w ścisłym związku. Nie ma zdrowego ciała bez zdrowej duszy: równowaga nerwowa decyduje o zdrowiu fizycznym.

⊃ Człowiek musi wyrobić sobie nawyk umiarkowania. I wszystko robić w sam raz: ani za dużo, ani za mało. Jeść i pić, pracować, ćwiczyć i korzystać z uroków życia – ile trzeba. W żadną stronę nie wolno przesadzać!

⊃ Profilaktyka bardziej się opłaca niż leczenie. A na pewno mniej boli i mniej kosztuje rozsądna zmiana trybu życia zawczasu – niż już z chorobą na karku.

⊃ Zdrowie zależy od prawidłowego wyniku bilansu energetycznego.

(Musi być równowaga między energią dostarczaną w pokarmie a zużywaną przez organizm: drastyczne zachwiania kończą się otyłością lub anoreksją. Chodzi tu też o sensowny rozkład energii wydatkowanej przez organizm na obsługę samego siebie. Im więcej mocy idzie na zbędne zajęcia (np. trawienie zbędnego pokarmu!), tym mniej energii zostaje na odnawianie zużytych komórek i zwalczanie chorób).

⊃ Konsekwencja jest królową efektu!

Pamiętaj, żadna metoda naturalna nie wymaga wielkich kosztów ani wielkiego ambarasu. Tylko (aż)... miesięcy, lat praktyki. Działania obliczone na konkretny efekt są zawsze rozłożone na małe kroczki, dzień po dniu... i we właściwym kierunku (a nie w tył albo zygzakami)!

Ale przecież ja wcale nie chodzę w koło Macieju, pielęgnując w kółko zdrowie i urodę! – toż można by zwariować! Od lat jednak żyję w pewnym systemie, który eliminuje zagrożenia w zarodku. Przyjemnym, dobrze zorganizowanym systemie; to żaden kierat. To pożyteczne nawyki, ale nie oszukujmy się: wiele rzeczy ulatuje mi z głowy, niektóre omijam z daleka i udaję, że mnie nie dotyczą. Łączę rozsądne z pożytecznym, już machinalnie, na marginesie innych czynności: tu wypiję szklankę ciepłej wody, tam pomasuję czoło. Wręcz o tym nie myślę: ja po prostu już tak żyję... I zachęcam Cię do pójścia w moje ślady. Ostatecznie to nie filozofia – poznać filary własnego zdrowia i pilnować, żeby stały prosto.

Oto lista zaniedbań, które niszczą Twoje zdrowie, ergo urodę. Omówię je w skrócie:
Zaniedbałaś kręgosłup.
Każde drobne przesunięcie dysków w kręgosłupie uciska nerwy i naczynia krwionośne „przypisane" do wewnętrznych organów. W następstwie dany organ źle funkcjonuje – i łatwiej pada łupem choroby. Profilaktyka jest prosta jak konstrukcja cepa:
- dobre twarde łóżko;
- mała, twarda niska poduszka, może być wałek pod szyję (przy okazji nie marszczy się szyja);
- prawidłowa pozycja podczas snu (przyzwyczajona od dzieciństwa do spania na brzuchu, nie mogę się przestawić, ale nie tracę nadziei);
- ruchliwy tryb życia: gimnastyka, spacery, chodzenie na bosaka przy każdej okazji.
Nieprawidłowo oddychasz.
Powietrze to niewidzialny pokarm, bez którego umierasz, nim się obejrzysz. Podstawowa wymiana między Tobą a kosmosem to wymiana gazowa: przyswajasz tlen, wydychasz dwutlenek węgla. Co istotne – we krwi, w tym dwutlenku, rozpuszczają się toksyny (produkty przemiany materii). Naruszenie równowagi między wdechem a wydechem powoduje zatrzymanie toksyn w ciele – i zaczynasz się starzeć.
Naucz się znów oddychać na sposób dzieci, które „jedzą" tlen brzuszkiem (i biegają na świeżym powietrzu). Warto też zacząć kontrolować wydech wzorem tybetańskich matuzalemów, którzy śmigają po Himalajach niczym kozice.
Nie oczyszczasz organizmu ze złogów i toksyn.
Na ściankach jelit odkładają się po latach kilogramy niestrawionych resztek. Ten „bagaż" mechanicznie uciska organy wewnętrzne oraz stanowi pożywkę wrogich bakterii. Stąd się biorą ogólnoustrojowe zatrucia toksynami oraz lokalne perturbacje (bo toksyny wytrącają się w stawach, mięśniach i narządach). Usuń, kochana, złogi tylko raz do roku, a murowany efekt zobaczysz nie tylko na wadze, lecz i w lustrze.
Nieprawidłowo się odżywiasz.
Odżywianie oparte tylko na liczeniu kalorii jest błędem (choć niskokaloryczna dieta to już coś). Trzeba je oprzeć na w miarę naturalnych produktach, niepoddanych obróbce termicznej ani rafinacji. Oraz wybrać pokarm zdatny do szybkiego strawienia (co wymaga osobnego spożywania pewnych grup produktów oraz eliminacji z diety niektórych potraw i składników).
Uwaga, wcale nie musisz zostać wegetarianką – ale przeczytaj (jak ja) książkę Michała Tombaka „Jak żyć długo i zdrowo" – a potem też zacznij konsekwentnie jeść mniej... oraz lepiej. Czy Twój żołądek to śmietnik, że wrzucasz do niego, co popadnie?
Nie umiesz szczęśliwie żyć.

sesja dla miesięcznika „Golf and Life"

O tym już była mowa, ale powtórzę. Myśl to energia, która ($E = mc^2$) zamienia się w materię. Weź więc pod kontrolę smutne myśli – opanuj emocje – zapomnij krzywdy – nie zatruwaj się lękiem, niepokojem i zawiścią. Rozjaśnij twarz uśmiechem, pomyśl pozytywnie – zmień swoje odczucia, a zmieni się nie tylko rzeczywistość wkoło, ale i trawić będziesz bajecznie!

Rozdział 6

PIĘTA ACHILLESA

Filip pojawił się na świecie dzięki Laurze Łącz. Z Laurą siedziałam w jednej garderobie Teatru Polskiego w Warszawie, gdzie opowiadała, jak od paru lat bez powodzenia stara się o dziecko. Nie ustawała w wysiłkach, chodząc za swym mężem (Krzysztofem Chamcem) z kalendarzem w ręku. „To dzisiaj!" – zapowiadała także nam, koleżankom, próby poczęcia (z właściwym sobie poczuciem humoru).

Ta sytuacja zasiała we mnie niepokój; a jeżeli ja też nie mogę mieć dzieci i nic o tym nie wiem?! Podzieliłam się swoimi obawami z Markiem: „Kochanie, robimy dziecko, bo w razie czego trzeba się leczyć".

Po chwili zastanowienia, bo wiadomo, że na dzieci, jak i na wojnę, nigdy nie ma dobrego czasu, zaczęliśmy wcielać nasz plan w życie. A potem było tak: pierwszy miesiąc – nic. No, tak jak czułam – jestem bezpłodna! Więc w następnym miesiącu tak tłumaczyłam ginekologowi: „Wprawdzie już drugi tydzień spóźnia mi się miesiączka, ale to przez jazdę konną. Bo ja właśnie się uczę, panie doktorze – jestem bardzo poobijana i wytrzęsiona na tej kobyle… To dlatego!".

Lekarz patrzył na mnie jak na kretynkę, a potem oznajmił: „Gratuluję, siódmy tydzień". Wybiegłam z gabinetu szczęśliwa, za chwilę wróciłam z wielkim bukietem kwiatów. Znów był zdumiony: „To przecież nie moja zasługa, to pani należą się kwiaty i gratulacje!".

A Laurze też udało się zaraz potem.

Przez pierwsze dwa tygodnie moja córka Julia nie miała imienia, ponieważ okazało się, że jest płci męskiej. I wierz tu głębokiej macierzyńskiej intuicji! W popłochu szukaliśmy imienia, takiego mocnego, z twardym jądrem, z wibrującym „r" w środku.

No i stanęło na Filipie.

Na pierwszy rzut oka widać, jakie twarde „r" ma w środku.

Zadzwoniła ze wsi teściowa, zapytać, czy dziecko nadal jest bezimienne. „Filip!" – powiadomiłam z radością. Głucha cisza w słuchawce, a potem jęk: „O Jezus Maria!". W jej okolicy dużo było Krystianów, Patrycji, Pameli, Damianów czy Kamilów. Ale Filip? Jakoś wstyd…

Przez pierwsze trzy lata od pojawienia się Filipa na świecie praktycznie nie spałam. Wciąż płakał: pewnej rekordowej nocy trzeba było do niego wstać jedenaście razy! Co z tego, że sprawiedliwie dzieliliśmy się z Markiem tym nocnym wstawaniem, kiedy przez ścianę ten wrzask i tak budził. W dzień nie było lepiej; ryczał właściwie od rana do wieczora. Spał albo płakał, a czas drzemek ciągle się skracał. Zauważyłam, że przestaje płakać tylko wtedy, kiedy mu śpiewam. Nie

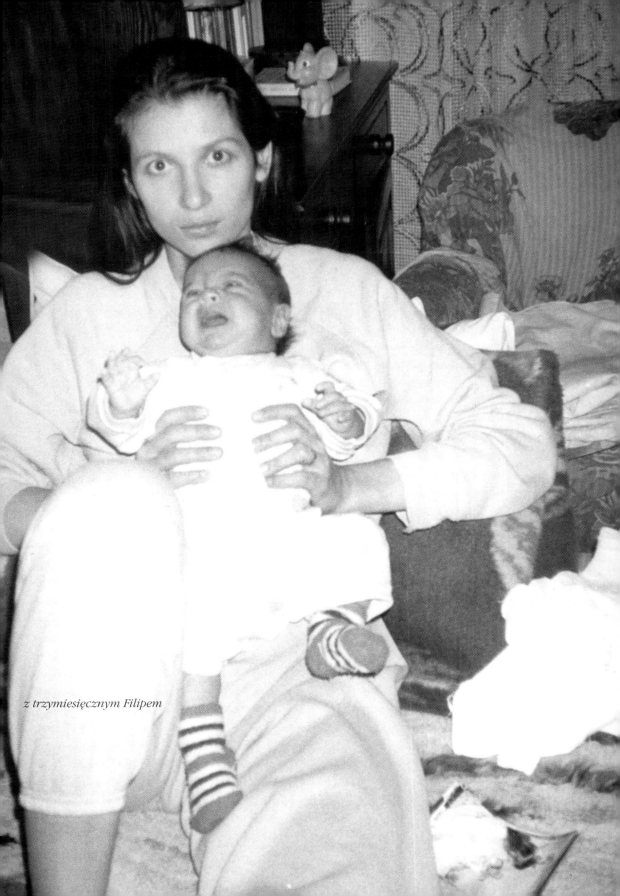

z trzymiesięcznym Filipem

Filip, osiem miesięcy, sam stoi

mam słuchu, śpiewać więc z całą pewnością nie powinnam, ale tonący brzytwy się chwyta, więc przypomniałam sobie piosenki ze wszystkich festiwali, ba! z przedszkola oraz cały repertuar kolonijny. Śpiewałam mu nawet hymn Polski i Hymn do Bałtyku. Filip patrzył na mnie bardzo uważnie, w skupieniu, a jakiś czas później okazało się, że wszystkie te piosenki zna na pamięć. Któregoś dnia zagapiłam się i przestałam śpiewać, a moje dziecko dokończyło! To był czas, kiedy macierzyństwo nabrało nowych kolorów, chodziłam dumna jak paw. Mówiłam skromnie: „No cóż, zdarzają się genialne dzieci i właśnie mnie się trafiło". Naszym popisowym numerem był wierszyk; ja mówiłam: „W pokoiku na stoliku stało mleczko i..." on dodawał: „ja-jo", ja: „przyszedł kotek, wypił mleczko, a ogonkiem stłukł..." on: „ja-jo" itd. I tak mówił sylabami: „o! – pa-ni, i-dzie!", a potem jako niespełna dwulatek rządził w żłobku (Marek i ja pracowaliśmy razem w Północnym Centrum Sztuki nad „Carmencitą" i inaczej nie mogliśmy Filipowi zapewnić opieki). „Nie krzycz, Hanka!" – mówił do opiekunki ku uciesze pozostałych pań. Potem Filip okazał się beznadziejnie normalnym egzemplarzem. To tylko jego aparat mowy dojrzał szybciej niż u innych dzieci.

Podziwiam i rozumiem kobiety całkowicie spełniające się w macierzyństwie, sama jednak nie należę do tych, którym dziecko zastępuje cały świat. Karmiłam piersią, bo wiedziałam, że to niezbędne dla zdrowia dziecka, ale nie mogę powiedzieć, żeby sprawiało mi przyjemność; z trudem dociągnęłam to karmienie do pół roku. Kiedy pracowałam, musiałam ściągać pokarm do butelki. Pamiętam trzydniowy wyjazd z teatrem do Kopenhagi. Wzięłam elektryczną ściągarkę do mleka, która tak warczała, że kiedy wracałam po przedstawieniu do hotelu i ją włączałam, rozlegało się walenie w ścianę. No, a to codzienne pranie i prasowanie pieluch? Mój syn urodził się w 1989 roku, kiedy pampersy były dobrem ekskluzywnym, dostępnym tylko na bazarach, a kosztowały majątek! Trudno uwierzyć, ale te wszystkie męki i trudności pryskały w okamgnieniu, kiedy mój synek uśmiechnął się od ucha do ucha. Wobec tak niebiańskiego zjawiska jak ten uśmiech całe to codzienne utyranie okazywało się kompletnie nieważne. I na tym właśnie polega cud macierzyństwa. Jeśli masz dzieci, na pewno świetnie wiesz, o czym mówię, jeśli jeszcze nie masz, zrób sobie koniecznie, żaden facet nie będzie Cię tak kochał, a i Ty nie zaznasz większej (i bardziej bezwarunkowej!) miłości.

Bardzo chciałam być dobrą matką. Rozumiałam, że rodzina to związek, a związek powinien być oparty (miałam to już przećwiczone) na partnerstwie. Uczyłam więc Filipa – i wymagałam od niego – partnerstwa, już gdy miał trzy lata. Może, a nawet na pewno, przesadzałam, ale czuję się rozgrzeszona, i to przez samego Eichelbergera: „Nie staraj się być idealnym rodzicem. Bądź wystarczająco dobrym rodzicem". Mam fioła na punkcie równouprawnienia i sprawiedliwości – ty jesteś bardzo ważny, ale ja jestem równie ważna! – powtarzam mu do znudzenia.

Wymagania wobec Filipa mam realne. By nie powiedzieć: znikome.

Żeby miał czwórki, żeby utrzymywał porządek w swym pokoju (w miarę, bo raz w tygodniu przychodzi pani Krysia i robi resztę) oraz żeby wstawał na czas do szkoły. No i żeby ścielił łóżko. Swoje, nie moje! Zgadnij, co udaje mi się wyegzekwować? Skąd wiedziałaś, że nic? A, rozumiem, też masz syna? Zdrowy rozsądek mi mówi – to nie są prawdziwe problemy! Ale to mi uprzykrza piękny dzień! Mój rodzony syn wywraca mi do góry nogami całą moją życiową filozofię! Dziecko jest moją piętą Achillesa.

Marek z Filipem

czteroletni Filip

Ni stąd, ni zowąd wyłazi ze mnie ponura zrzęda.

Albo szantażystka.

– Jeżeli nie wyjdziesz z domu przed godziną 8.10 (lekcje zaczynają się o 8.30), to nie dostaniesz na jedzenie w szkolnym sklepiku! (Zawsze możesz sobie zrobić kanapkę do szkoły) – grożę.

– Wiesz, jaki jestem zadłużony – leniwie oburza się mój młodzieniec (przystojny nawet, coraz bardziej podobny do Marka). No i oczywiście wychodzi 8.20. Jak dobrze pójdzie!

Mimo to Filip jest wspaniały (sam mi to dopisał, ale niech mu będzie, zostawiam, bo w końcu to też prawda).

Moje dziecko to jedyny człowiek na ziemi, na którego zdarza mi się wrzeszczeć, ile sił w płucach. A on wyluzowany, ogólnie zadowolony z życia i z siebie.

– O co ci chodzi?! – szeroko otwiera oczy. – Trójka to bardzo dobry stopień.

– Pościeliłeś łóżko? – pytam.

– Prawie – brzmi dyplomatyczna odpowiedź, która oznacza, że łóżka nie dotknął.

Od z górą dziesięciu lat jest jasne, że ani „prawie", ani trójka mnie nie satysfakcjonują. A jego czarne poczucie humoru:

– Co byś wolała? Czy żeby Czarek był chory na raka, czy żeby mnie urwało nogę?!

No i jeszcze to, że parę lat temu definitywnie odciął mnie od swojego życia osobistego. A ja jestem taka ciekawa!... Czasem próbuję mu przetłumaczyć:

– Zrozum, jestem ciekawa, co się dzieje w twoim życiu. Ja usycham i więdnę, kiedy tak nic nie wiem!

– No, dobra – odpowiada. – Co chcesz wiedzieć? Czy miałem już dziewczynę? – miałem. Zapytaj, czy więcej niż jedną? Więcej! Co się działo na tamtej imprezie? Miałem dwa zaproszenia pójścia na górę, ale nie skorzystałem. Jeszcze coś?!

Tylko raz, bezradna, użyłam aktorskiej sztuki, profesjonalnie wycisnęłam łzy i odegrałam rozpacz – chciałam, żeby zrozumiał moją bezsilność, nie pamiętam już w jakiej sprawie. Ale Filip okazał się odporny również na te emocjonalne argumenty.

Kiedyś w tajemnicy przed wszystkimi kupił egzotycznego pająka. Monstrum miało urosnąć do wielkości deserowego talerzyka. Pająka, a raczej świerszcze i robaki kupione do karmienia potwora, odkrył Elvis, nasz kot. Wyobraziłam sobie, jak słoik z robakami tłucze się, a one rozłażą się po domu. Zdecydowanie zaprotestowałam i po dyskusjach pająk został podrzucony (brak odwagi cywilnej czy się znowu czepiam?) w sklepie zoologicznym, z wyjaśnieniem na piśmie.

Nie wie, kim chce zostać w życiu. Pocieszam go: „Ja w twoim wieku też nie wiedziałam". „Ale mógłbyś pomóc mi podjąć decyzję...". „Żartujesz? To twoje życie, to ty masz być szczęśliwy, skąd mogę wiedzieć, co lubiłbyś robić? Ale spokojnie, jeśli nie wiesz, zrób na razie wstępną selekcję, wybierz coś, co wydaje ci się interesujące, a potem zawsze możesz zmienić zdanie i zabrać się do czegoś nowego".

Przy mnie Filip jest bardzo niesamodzielny. Ale poza domem podobno samodzielny jest wybitnie. Umysł ścisły, ni stąd, ni zowąd. Z matmy miał zawsze przerąbane, a tymczasem niedawno zabłysnął talentem matematycznym. Dopiero młoda korepetytorka ustaliła, że zawalał przez swoje bałaganiarstwo, wielu obliczeń dokonywał w pamięci, co sugerowało ściąganie, potem popełniał czeskie błędy, więc wyniki też były błędne, choć rozumowanie – właściwe.

Nie ma z nim więc większych problemów, ale… Ale generalnie ci znawcy z poradników mnie nabrali, zupełnie jak ci mędrcy ze szkoły rodzenia. Ząb Filipowi wyszedł w siódmym miesiącu, to fakt – tu powiedzieli prawdę. Jednak twierdzenie, że można nad tym chaosem, czyli dzieckiem, zapanować, to jawny kant. A dla mnie płynie z tego jeden morał: jakąś piętę achillesową też trzeba mieć.

I z tą piętą żyć.

Żadna kobieta nie może być doskonała od stóp do głów. A już na pewno, kiedy jest matką – nie da się.

sesja dla tygodnika „Gala", 2001 r.

Marek

Filip

Filip

Za to mam szczęście do ról dobrych matek – gram je od lat, więc moje fil-mowe dzieci wciąż rosną (startowałam od maluszków, teraz „przydzielają" mi nastolatki), no cóż, czas jednak płynie... Mam też to szczęście, że kilkakrot-nie pracowałam z Andrzejem Maleszką – niedocenianym tak, jak na to zasłu-guje (na świecie zgarnął już pełno nagród), geniuszem kina dziecięcego. Typem korczakowskim, dla którego dziecko jest człowiekiem, godnym stu-procentowej uwagi i szacunku – tyle że krótszym niż dorosły, niżej odrosłym od podłogi...

Andrzej żyje w świecie przesuniętym. Scenariusze czy sztuki teatralne (genialne „Wielkoludy"), które pisze, to dalszy ciąg magicznego świata z dzieciń-stwa. Nikt nie pracuje z dziećmi tak jak Andrzej. Traktuje je poważnie... – a one poważnie traktują jego. I słuchają go: jak on to robi, do diabła?

⊃ GIMNASTYKA? TO JEST TO!

Potrzebę gimnastyki odkryłam dopiero po urodzeniu Filipa. Jakiś czas miałam kłopot z utrzymaniem się w formie, wejście bez zadyszki na czwarte piętro graniczyło z cudem. Do tej pory stosuję test czwartego piętra; kiedyś wspinałam się do przyjaciółki (winda otwierana kluczem), teraz poprzeczka się podniosła – sama trzy lata temu przeprowadziłam się na czwarte piętro starej kamienicy: mieszkania wysokie, więc wchodzi się, bez windy oczywiście, właściwie na piąte. A biegam w tę i we w tę, od dwóch do czterech razy dziennie. Zawsze jak udaje mi się wejść lekko, wiem, że ze mną wszystko okej. Kiedy ledwie się doczołguję, bo bywa i tak, wiem, że albo pora wypocząć, albo wziąć się za siebie, a kondycja pojawi się błyskawicznie. To wtedy, kiedy pierwszy raz poważnie zabrałam się za siebie, odkryłam, że (paradoksalnie) wzrost wysiłku zwiększa energię, potrzebną do tego, żeby jednocześnie pracować i biegać za potomkiem. (Zauważyłaś, że dziecko zawsze jest za ciężkie? Niezależnie od tego jakie jest duże?).

Sama, w domu, nie jestem w stanie ruszyć nawet małym palcem – i żeby zmusić się do prawdziwej aktywności fizycznej, muszę się zapisać na jakieś zajęcia. Cóż to była za rozkosz, kiedy odkryłam klub Multico na Żoliborzu! Kameralne, wielce ekskluzywne miejsce. A teraz, odkąd blisko mojego domu wyrósł hotel Hilton z ogromnym (równie ekskluzywnym) klubem Holmes Place na ostatnim piętrze, bywam tam, kiedy tylko mogę. Na dzień dobry dostajesz mięciutkie ręczniki, z którymi biegniesz na bajecznie wyposażoną siłownię, basen, jacuzzi, do sauny lub sal, w których prowadzone są najróżniejsze zajęcia; od spinningu (ciekawe czy wiesz co to jest), przez jogę po taniec brzucha – każda znajdzie coś dla siebie! Coś, co poza wymiernym efektem w postaci kondycji i płaskiego brzucha, da Ci mnóstwo frajdy! Karnet za te cudeńka kosztuje majątek, ale zapewniam Cię, że warto go wydać; po pierwsze masz mobilizację do pracy (żeby wydane pieniądze się nie zmarnowały – jak mawia mój ulubiony biznesmen – muszą się zamortyzować), a po drugie poczujesz się kobietą luksusową i że jesteś tego warta (cóż za genialne hasło reklamowe!). Czasem się zaniedbuję, pół roku potrafi zlecieć jak z bicza strzelił, a ja przez ten cały czas naiwnie obiecuję sobie, że już od przyszłego tygodnia zabieram się do roboty! Wreszcie nadchodzi ten dzień i rozpoczynam ćwiczenia; basen, siłownia, joga. Wtedy, przysięgam, nie ma zmiłuj: ćwiczę śmiało, nieustępliwie i ofiarnie, kilka razy w tygodniu, nieraz taka fala trwa rok. Ale zanim nadejdzie ten przypływ, staram się przynajmniej usprawniać krążenie, wykonując (nomen omen) krążenia wszystkimi kończynami, biodrami, szyją. Rozciągam się także, by moje ciało zachowało jaką taką elastyczność – na szpagat już dawno nie mam szans (ani ambicji), ale mostek zawsze musi być w zasięgu moich możliwości!

debiut w „Jeziorze łabędzim" dla programu „Mój pierwszy raz", TVP, 2006 r.

⟳ GIMNASTYKA SZYI

KLEKOT BOCIANA! – przechyl głowę do tyłu nad kark i w tej pozycji piętnaście razy wysuń podbródek mocno, jak najdalej do przodu.

ZMIANA WIATRU – stań wyprostowana, ręce luźno opuść. Obydwoma ramionami równocześnie wykonaj dwadzieścia okrążeń do przodu, a następnie tyle samo do tyłu.

WIZYTA U TEŚCIOWEJ – skrzyżuj ręce na piersiach, zacznij wolno krążyć głową – najpierw dwadzieścia pięć razy w prawą stronę, a następnie tyle samo razy w lewą.

⟳ TANIEC

Zamknij się sama. Potańcz w rytm ulubionej muzyki. Wyszalej się, wypróbuj figury, na które trudno odważyć się publicznie na trzeźwo. Pofolguj sobie: zamiast rury wystarcza framuga.

*pokaz mody
Salomona,
Kaprum, 2007 r.*

⟳ BRZUSZKI NA BRZUCH

Nigdy nie miałam problemów z wagą. Mogę jeść wszystko, w dowolnych ilościach (inna rzecz, że tego nie robię). To na pewno genetyczne: Mama całe lata tuczyła się (bezskutecznie), nakładając sobie na talerz góry ziemniaków. A był czas, gdy opychała się mączką bananową (o bananach można było wtedy tylko śnić), bo wykombinowała, że skoro niemowlęta z niedowagą są tym karmione – jej też musi pomóc.

Ale waga to jedno – a proporcje ciała drugie.

Dziewczyny najczęściej skarżą się, że podczas odchudzania najpierw chudnie im biust, czego akurat najmniej sobie życzą. A brzuch i uda – ani drgną! Dlatego, kochana, nie masz wyjścia: dieta dietą, ale bez ćwiczeń ani rusz!

Kiedyś postanowiłam popracować nad brzuchem; nie żeby od razu „kaloryfer" osiągnąć, ale by przypominał bardziej ciało stałe niż galaretę. Kilka pierwszych miesięcy na siłowni nie przyniosło żadnego efektu! Zawzięłam się jednak i dopięłam celu. Dlatego teraz z czystym sumieniem Ci mówię: wszystko można osiągnąć, tylko trzeba popracować. W moim przypadku potrzebowałam 300 brzuszków – trzy razy w tygodniu! (Mariola Bojarska mówi, że to i tak mało. Ona robi 500).

To tylko brzmi kosmicznie. Do tej porcji oczywiście doszłam stopniowo, wykonując krótkie serie na przemian na mięśnie skośne i poprzeczne. (Zapytaj trenera na siłowni – na pewno pokaże Ci takie ćwiczenia, które możesz robić w domu na dywanie).

Aha, oszczędzaj kręgosłup! – ja większość brzuszków robię krótkich, tylko spinających mięśnie. Uprzedzam też, iż praca nad brzuchem jest najbardziej nieprzyjemna ze wszystkich ćwiczeń, jakie znam. Ale co za efekt!!

Rozdział 7

SZCZYPTA MAG(G)II W ŻYCIU

Dawno, dawno temu byłam bardzo sceptyczna.

Kiedyś teściowa zawiązywała małemu Filipowi czerwoną wstążeczkę na rączce, by go ustrzec od złego spojrzenia czy uroku, a ja wkurzałam się, że wierzy w zabobony i hołduje ciemnocie. Po latach, kiedy już nie wiedziałam, w co wierzyć, a w co nie, postanowiłam uwierzyć we wszystko. Jasne, że w granicach zdrowego rozsądku, ale jakoś te granice dziwnie mi się poszerzyły. I to właśnie ten rozsądek mi szepcze, żeby nie odrzucać czegoś, tylko dlatego że nie wiadomo, w jaki sposób to działa i dlaczego! Kiedyś nikt nie wierzył w loty na Księżyc, bakterie i nie umiał rozbić atomu, a teraz – proszę! Więc nawet relacje o UFO wydają mi się całkiem wiarygodne (a jak wytłumaczysz zjawisko kręgów w zbożu?).

Co jeszcze? – raz pojechałam z synem do Oslo. Zwiedziliśmy Muzeum Sztuk i kolekcję Edwarda Muncha, wreszcie, zmęczeni, usiedliśmy na ławce w parku. To znaczy ja usiadłam, bo mój ośmioletni wiercipięta z nudów rzucił się w trawę, by znaleźć czterolistną koniczynę. A ja po cichutku postanowiłam zrobić mu dowcip: spreparować i tak połączyć dwie koniczyny, żeby wyszła jedna czterolistna. Jakież było moje zdumienie, gdy pierwsza koniczyna, którą, nawet nie patrząc, zerwałam – okazała się czterolistną, bez żadnego oszustwa. Oszołomione dziecko rozdziawiło buzię z zazdrości... Och, niewątpliwie to było szczęście!

Być może to drobniutkie zdarzenie powinno wylądować w rozdziale o roli szczęśliwego przypadku, ale w moim prywatnym odczuciu stanowi ono raczej ilustrację... O, właśnie – czego?!

Może spróbuję to ugryźć z innej strony.

Kilka lat temu, gdy zrozumiałam, że już nie chcę dłużej być sama – usiadłam i napisałam afirmację, czyli swoiste zamówienie do Pana Boga, w kosmos, na temat: jakiego mężczyzny mi trzeba. Niezbyt szczegółowy był ten opis, pomijał całkowicie walory fizyczne, skupiając się na przymiotach ducha, charakteru i na relacjach, które miałyby między nami (i jeszcze Filipem) zaistnieć. A całość zamknęłam słowami: „Seksowny monogamista".

Gdzieś z półtora roku po jakże owocnym spotkaniu Cezarego H. znalazłam tę kartkę w szufladzie ze starymi rachunkami telefonicznymi i wyciągami bankowymi. Przeczytałam swój list do Pana Boga – i ścisnęło mnie za gardło. Dostałam sto procent tego, czego chciałam!

Od znawców eterycznej materii dowiadywałam się na przykład, że też powinnam leczyć, bo mam zdolności bioenergoterapeutyczne, intuicję też mam nadprzeciętną, właściwie nie wiadomo, dlaczego nie jasnowidzę, i tak dalej. A ja nic!

Yennefer, „Wiedźmin"

sesja dla „Warsaw Point"

Poszłam kiedyś co prawda na kurs bioenergoterapii, ale raczej z ciekawości, żeby się dowiedzieć, o co w tym chodzi. I owszem, dowiedziałam się, poczułam energię w swoich dłoniach (ma ją każdy, to nic nadzwyczajnego), ale przecież jednak nie odważyłam się wysyłać żadnych prądów pod niczyim adresem!

Bagatelizuję też swoją intuicję, choć parę razy w życiu jakby spadała na mnie wiedza (mimo niedostatecznych informacji i przesłanek) kompletnie do niczego mi niepotrzebna.

Kiedyś koleżanka mnie powiadamia, że jest w ciąży. Ale zastrzega od razu, że nie może powiedzieć z kim. O nic nie wypytuję, bo i też nie bardzo jestem ciekawa. I nagle! – pang! Dostaję tę informację z kosmosu – i już wiem, o kogo chodzi… I dlaczego nikt nie powinien się dowiedzieć. Nie wytrzymuję, muszę spytać, czy to prawda.

– To dziecko jest pana X? – pytam na ucho i widząc, że koleżanka robi oczy jak spodki, natychmiast dodaję: – Spokojnie, nikomu nie powiem.

Trafione-zatopione.

Chodzę czasem do wróżek. Zazwyczaj późną jesienią, kiedy pogoda depresyjna i trudno o codzienny optymizm. Jest to także czas tuż przed moimi urodzinami, i każdy, kto zna się na gwiazdach, powie Ci, że ten czas trzeba zwyczajnie przeczekać, a już na pewno nie podejmować żadnych ważnych decyzji. Jestem wdzięczną klientką, nigdy nie rozliczam moich wróżek, bo i nie po to do nich chodzę, żeby sprawdzać ich kompetencje, wytykać, że coś potoczyło się inaczej, niż przewidziały. Od wróżki oczekuję, żeby mnie upewniła, że wszystkie, nawet te najbardziej skomplikowane sytuacje w moim życiu będą miały szczęśliwy finał. Jaki psychoterapeuta może Ci to obiecać? Żaden! A wróżka może! I to robi. Wyobraź sobie, że zawsze wychodzę od wróżki z ładunkiem nowej energii do życia. Bo nawet jeśli gdzieś w tych opowieściach pojawiają się jakieś zagrożenia, to mogę im się przyjrzeć i zastanowić się, jak ich uniknąć. I tak kiedyś Aida (jasnowidzka, nie wróżka) powiedziała mi: „Tylko żebyś nie jeździła zielonym samochodem!". Jak mam nie jeździć, kiedy właśnie mam zielone auto i za miesiąc tymże autem wybieram się na wakacje do Chorwacji? Aidzie ten pomysł bardzo się nie podobał, nie widziała co prawda zagrożenia życia, ale jakieś nieprzyjemne sytuacje owszem. Ani mi się śniło sprawdzać, czy Aida widziała scenę z naszych przyszłych wakacji, czy tylko moją całkiem poważną stłuczkę sprzed paru miesięcy! Finał był taki, że na wakacje pojechaliśmy nowiutkim, prosto z salonu, ślicznym samochodzikiem. Wszyscy byli zadowoleni! (Samochód co prawda ukradli rok później, ale to nie ma nic do rzeczy).

Moje wróżkowe peregrynacje zaczęły się w Poznaniu, kiedy mój świeżo upieczony mąż, aktor Teatru Polskiego, zdał egzaminy i dostał się na Wydział Reżyserii Akademii Teatralnej w Warszawie. Co robić?! W poznańskim Teatrze Nowym czułam się świetnie, ale przecież nie po to wychodziłam za mąż, żeby teraz zostać w Poznaniu, gdy on miał studiować w Warszawie. Co tu robić? Czy w Warszawie ktoś da mi pracę, jak się utrzymamy, skoro Marek musi zrezygnować ze swojego etatu? Gdzie będziemy mieszkać? Wynajęcie czegokolwiek kosztuje majątek... Oto główne niepokoje, które kotłowały mi się w głowie.

Poszłam z przyjaciółką (obie niepewne, ale podekscytowane) do wróżki Wiesi. Drzwi otworzyła piękna, ciepła i, o dziwo, młoda kobieta (żadnego czarnego kota, żadnej szklanej kuli).

Przyjaciółka siada pierwsza, ja nie wychodzę, bo nie mamy przed sobą tajemnic. Wiesia rozkłada karty i od razu mówi zmartwiona: „Nie wiem, czy ma pani syna, czy córkę, ale duże kłopoty". Przyjaciółka zdziwiona, bo kłopoty owszem, ale zwyczajne, takie codzienne. Po dwóch godzinach wychodzimy, ona nieufna, ja pocieszona, że wszystko będzie okej, mąż słusznie zmienia zawód, ja pracę znajdę, mieszkanie własne za siedem lat (jęk rozczarowania), ale z wynajęciem nie będzie kłopotu. Jeszcze tego samego dnia córka przyjaciółki urządzała osiemnaste urodziny. Cała kamienica sterroryzowana, butelki lecące przez okna, kable telefoniczne poprzecinane, więc sąsiedzi nie mogą wezwać milicji, itd. Potem, choć już nie tak ekstremalnie, też łatwo nie było w tych stosun-

fotos z filmu „Dondula"

kach matka-córka. A mnie sprawdziło się co do joty! Nawet tych siedmiu lat oczekiwania na pierwsze wymarzone mieszkanie nie dało się przyśpieszyć.

Przez parę lat, odkąd spotkałam Czarka, moja potrzeba wsparcia z zewnątrz skurczyła się do minimum. Aż tu nagle rok temu sprzątnięto mi sprzed nosa rolę. A ja dowiedziałam się ostatnia, że moją rolę gra zupełnie kto inny. W dodatku miałam gotowe już wszystkie kostiumy, byłam po próbach charakteryzacji, dostałam szczegółowy plan zdjęć, trąbiłam więc wszędzie, że do końca roku jestem zajęta, a kiedy ktoś mimo wszystko zgłaszał się do mnie, czasem z bardzo intratną propozycją, odpowiedzialnie (choć z bólem serca) odmawiałam. Nie ma co udawać, byłam w szoku. Nie dlatego, że ktoś zmienił zdanie – miał do tego prawo, ale nikt do tej pory mnie tak nie potraktował. Jak śmiecia! Jak nieprzydatny mebel! Takie sytuacje są niejako wpisane w ten zawód, zdarzają się bez przerwy, tchórzostwo zwykle zwycięża klasę, zawsze decydenci uważają, że to zupełnie ktoś inny powinien załatwić trudną sprawę. Już jakieś sto lat temu, kiedy robiłam postsynchrony do mojej pierwszej w życiu większej roli filmowej („Żelazną ręką" Ryszarda Bera), wpadłam do zaprzyjaźnionych charakteryzatorek w odwiedziny i zastałam bardzo nerwową atmosferę. Dziewczyny zastanawiały się w popłochu, czy zamknąć pokój i nawiać, czy stawić czoło sytuacji. A sytuacja była następująca: dziewczyna, obsadzona w głównej roli w „Łuku Erosa", miała poszyte wszystkie kostiumy, ufarbowane na rudo i obcięte do roli włosy, ma przyjść za chwilę podpisać umowę, ale nie wie, że parę dni wcześniej reżyser zmienił zdanie i zaangażował do tej roli Grażynę Trelę-Stawską. Tymczasem wszyscy z produkcji uciekli. Dlaczego, skoro reżyser nie miał odwagi poinformować aktorki, oni mają przekazywać złe wiadomości? A dlaczego mają to zrobić charakteryzatorki? Stałam z otwartą buzią i już czułam, że mój ulubiony zawód ma też bardzo nieprzyjemne strony. Po latach dopadło i mnie. Aida, wysłuchawszy moich żalów, tak oceniła sytuację: „Nie przesadzaj! Przecież złamałaś obcas, nie nogę". I dodała jeszcze parę takich zdań, że spojrzałam na to całe zdarzenie zupełnie inaczej. Faktycznie: bo i co się takiego stało? Co straciłam i czego tak mi żal? No, właściwie… tylko pieniędzy.

Potem, jakby w nagrodę za powrót do emocjonalnej formy, pieniądze też przyszły – z zupełnie nieoczekiwanej strony. Przyszła też inna nagroda, bardziej spektakularna. Nagroda dla najlepszej aktorki za rolę Judyty w filmie „Ja wam pokażę" na China Golden Rooster and Hundred Flowers Film Festival w Sozhou 2007 r.!

Nie namawiam Cię, żebyś chodziła do wróżek. Ja tylko opowiadam, do czego mnie są one potrzebne. Rozumiem, jeśli masz obawy i zastrzeżenia. Każda taka wizyta to jednak „zakrzywianie rzeczywistości", jak się wyraziła jedna z wróżek. Twoje życie biegnie sobie jakimś torem, aż tu nagle sprzedaż zielonego samochodu wywraca ciąg zdarzeń. No i uważaj, nawet od telefonu można się uzależnić albo szukać porady w Księdze I Cing, żeby w ogóle umyć zęby. Ale w rozsądnej dawce magia jest potrzebna. Nawet jak nie pomoże, to nie zaszkodzi – a przyprawi życie do smaku.

⊃ JAK SOBIE W ŻYCIU POMÓC MAGIĄ?!

Głównie interesowały mnie magiczne patenty na pieniądze, bo resztę potrafiłam sobie sama zorganizować. Ale przyjaciele – i lektury – podają (sprawdź, czy skuteczne) sposoby na inne okazje.

SPOSOBY NA PIENIĄDZE

⊃ W wigilię świętego Jana zerwać gałązkę lipy, przewiązać ją białą wstążeczką i powiesić w domu. Termin ważności gałązki wynosi 1 rok (sprawdzone – działa).

⊃ W sylwestra o północy szampana zagryźć śledziem. To przepis od pana taksówkarza; zaklinał się, że skuteczny!

SPOSÓB NA OTYŁOŚĆ

Prawdziwy przepis z Nowego Orleanu:

⊃ W okresie walki z nadwagą (herbatki z kopru włoskiego, łopianu i sasafrasu) noś amulet.

Uszyj woreczek z żółtego atłasu, włóż do niego baton czekoladowy, naparstek i zdjęcie z epoki, kiedy byłaś szczupła. Czekolada będzie stanowić antidotum na Twoje zachcianki, jeżeli wypowiesz nad nią formułkę: „Cukrze – precz ode mnie! Kilogramy tłuszczu – do ziemi!". Kiedy odzyskasz figurę – zakop baton nad rzeką lub szerszym strumieniem. I powtórz powyższe zaklęcie... żeby nie zaznać efektu jo-jo.

SPOSÓB NA OPÓŹNIENIE STARZENIA

⊃ Przechowuj w zamrażarce swoje zdjęcie z najlepszej fazy w życiu – a ilekroć sięgasz po zamrożoną wołowinę, czule się komplementuj... w czasie teraźniejszym (sprawdzony patent mojej współautorki).

JAK PRZYCIĄGNĄĆ MIŁOŚĆ?

Patenty feng-shui – w kwadracie związków postaw lub powieś:

⊃ kawałek różowego kwarcu;

⊃ pary ładnych obiektów lub zwierząt długo żyjących w udanych związkach: dwa kwiaty, dwie statuetki, zdjęcie pary gołąbków lub delfinów.

⊃ AFIRMACJE

Afirmacja to POZYTYWNA myśl, którą świadomie zaszczepiasz w swoim umyśle, aby dostarczyć swojej psychice określonych treści. Przez powtarzanie afirmacji „ładujesz" swoją podświadomość jak baterię wiarą w siebie i entuzjazmem, a poza tym kształtujesz w pożądany sposób widzenie samej siebie – i w efekcie ruszasz z posad stary świat.

Podstawowe afirmacje to gotowce – myśli bardzo ogólne, lecz formujące harmonię i pozytywną, szczęśliwą atmosferę, np.:

- Wszystko, czego potrzebuję, nadchodzi we właściwym czasie i miejscu.
- Życie jest radością, a przepełnia je miłość.
- Jestem kimś, kto kocha, zasługuje na miłość i jest kochany.
- Jestem zdrowa i przepełniona energią.
- Wiedzie mi się we wszystkim, czego się tknę.
- Stale się zmieniam i rozwijam.
- W moim świecie wszystko się udaje.

Ale jeżeli masz inne, konkretne zamówienie do kosmosu – uszyj sobie afirmację według własnych potrzeb i na własną miarę.

Sformułuj ją w trzech osobach (po kolei na „ja", „ty" i „ona") oraz w czasie teraźniejszym (tak jakbyś już miała to, czego ci brak) – ale ZAWSZE używaj swojego imienia! W ten sposób wysyłasz kosmosowi informację, że wewnętrznie się tak czujesz („ja"), inni Cię tak widzą („ty") – i sama siebie też tak widzisz – swoim zewnętrznym okiem („ona"). Pisanie w drugiej i trzeciej osobie jest również ważne dlatego, że w takiej formie latami docierały do Ciebie nieprzychylne komunikaty na Twój temat z zewnątrz – a Ty je teraz przecież pragniesz „przebić" lepszą monetą.

Swą potrzebę opisz dość precyzyjnie, ale bez przesady: chodzi o rys ogólny, fundamentalne kwestie. Wyłącznie pozytywne!

fotos z przedstawienia „Słowa Boże", Teatr Rozmaitości

Dla przykładu, załóżmy, że marzysz o własnym mieszkaniu. Afirmacja będzie wówczas wyglądała tak:

Ja... (tu wpisz swoje imię) mam piękne, duże mieszkanie w centrum miasta, ale w ciszy i w zieleni.

Ty... masz piękne duże mieszkanie w centrum miasta, ale w ciszy i w zieleni.

Ona... ma piękne duże mieszkanie w centrum miasta, ale w ciszy i w zieleni.

Aha! Nigdy w afirmacji nie używaj słowa „nie". Podobno podświadomość go nie zauważa. A wtedy afirmacja ma przeciwne znaczenie. A więc nie pisz nigdy: „Ja... nie jestem krzywdzona przez mężczyzn". Wykreśl „nie" i zobacz, co afirmujesz. Brrr, aż ciarki przechodzą. Ta afirmacja powinna brzmieć: „Ja.... zawsze jestem szanowana przez mężczyzn".

⊃ AFIRMACJE NA TEMATY FINANSOWE

Wracając do pieniędzy. Oto przykładowe afirmacje, gdy...

⊃ Uważasz, że zarabiasz za mało:

Ja... zarabiam tyle, ile potrzebuję, robiąc to, co sprawia mi prawdziwą frajdę.

⊃ Uważasz, że nie doceniają cię w pracy:

Ja... zawsze jestem doceniana w mojej pracy i dobrze za nią wynagradzana. Jestem dumna z efektów swojej pracy.

⊃ Nie wiesz, co chciałabyś robić:

Ja... jestem otwarta i gotowa na nową intratną propozycję ciekawej pracy, w której wykorzystam swoje zdolności.

⊃ Jesteś przekonana, że pieniądze zdobywa się wyłącznie ciężką pracą:

Ja... zarabiam z łatwością i przyjemnością. Jestem otwarta na dobro, płynące do mnie ze wszystkich stron.

Jak to zwykle bywa, szkoły afirmowania są dwie. Można to pisać do skutku albo napisać raz – i nawet zapomnieć o afirmacji. Ale na mój rozum najbardziej skuteczną metodą afirmowania jest przepisywanie (i przeczytanie lub powiedzenie sobie) każdej afirmacji 10–20 razy dziennie na kartce papieru lub w komputerze – co najmniej przez miesiąc, bardzo systematycznie.

Wydaje mi się to logiczne. Trudno o natychmiastowe efekty; jeśli ktoś przez lata miał negatywną strukturę myślenia, to wyzbycie się jej musi zająć trochę czasu.

Przerabiaj więc taką afirmację (jedną lub kilka) codziennie. W sumie nie zajmie Ci to więcej niż kwadrans. Najlepiej pisz bezpośrednio przed pójściem spać albo zanim rozpoczniesz dzień, a już zwłaszcza, kiedy jesteś w dołku.

Dla lepszego efektu napisz swoje afirmacje na małych karteczkach (każdą na osobnej) i noś je w kieszeni lub torebce. Rzucaj na nie okiem, gdy tylko masz okazję; kiedy jedziesz autobusem, czekasz na kogoś, stoisz w kolejce. Możesz powtarzać je głośno do lustra, możesz nagrać na dyktafon i odtwarzać przy każdej okazji.

⊃ DOMOWA PSYCHOANALIZA

Podziel stronę na dwie części; po lewej przepisuj afirmację, po prawej zaś spisuj wszelkie myśli, nawet te oderwane, które przychodzą Ci wtedy do głowy – wszelkie skojarzenia, uwagi oraz emocje, których właśnie doświadczasz. W ten sposób stworzysz sobie szansę odkrycia, co przeszkadza Ci osiągnąć cel, co Cię blokuje.

Poza tym już samo sformułowanie swoich potrzeb jest ważne. Może się okazać, że nie miałaś do tej pory nawet świadomości, czego w istocie oczekujesz od życia.

⊃ OSTRZEŻENIE

Dokładnie zastanów się nad afirmacją. Jedna z koleżanek zażyczyła sobie kiedyś „mężczyzny, przy którym nigdy nie będzie się nudzić". No i wyrósł jej na wycieraczce mocno pokręcony gość, zapewniający emocjonalną huśtawkę oraz mnóstwo innych ekstremalnych atrakcji. Z całą pewnością się nie nudziła, jednak po paru miesiącach była kłębkiem nerwów. Raczej nie o to jej chodziło.

Afirmację staraj się budować w zgodzie z Twoim zdrowym rozsądkiem, musi być dla Ciebie prawdziwa (prawdopodobna). Mam nadzieję, że nie przyjdzie Ci do głowy afirmacja: „Ja... jestem księżną Monako", albo „Ja... trafiam co miesiąc szóstkę w totka".

Tylko sobie narobisz bałaganu w głowie.

Pamiętaj, że modlitwa też jest afirmacją – i zanim zaczniesz się o coś modlić, rozważ rzecz skrupulatnie. Ja, zdając na wydział aktorski, modliłam się tak: „Panie Boże! Pomóż mi dostać się na te studia, ja nie chcę być żadną gwiazdą, to tylko taki mój pomysł na ciekawe życie...". No i co powiesz?!

Żebyś widziała moją minę, jak po latach (oczywiście niegwiazdorskich) przypomniałam sobie o tym. Dosłownie mnie zatkało! Naprawdę trzeba uważać, o co się prosi!

⊃ ZASTRZEŻENIE

Jeśli to wszystko wydaje Ci się dziwne, śmieszne czy podejrzane, poszperaj w lekturach, które umieszczam w bibliografii na str. 190. Może ich autorzy wzbudzą więcej Twojego zaufania – i będą bardziej przekonywający. Jeśli zaś wydaje ci się sensowne to, co mówię, tym bardziej do nich zajrzyj, bo ja zaledwie dotknęłam tego tematu.

fotos z przedstawienia „Trzy siostry", Teatr Nowy, Poznań, 1985 r.

Rozdział 8

Moje azteckie słoneczko!

Uczucia są zawsze młode i niewinne. Niedoświadczone.

Podczas pracy nad przedstawieniem „Samotne serca" podglądaliśmy, aktorzy (Edyta Olszówka, Piotr Machalica, Piotr Gąsowski i ja) z reżyserem (Tomasz Dutkiewicz), kto przychodzi (i jak się zachowuje) na wieczorki dla samotnych. Bo akcję sztuki autor umieścił właśnie na spotkaniu Klubu Samotnych Serc. Widziałam figlarne i niepewne spojrzenia starszych wyelegantowanych pań, rzucane w kierunku wiekowych panów stojących pod ścianą. I nieśmiałe, lecz zalotne spojrzenia tychże kawalerów, odzianych w wyszarzałe garnitury oraz niedokładnie odczyszczone krawaty. To co jednak najbardziej mnie zaskoczyło, to obecność na takich wieczorkach także ludzi młodych, nawet dwudziestokilkulatków. Dziewcząt i chłopców. Samotnych.

Odkąd jestem szczęśliwa, tzn. odkąd sama nie jestem już samotna – trąbię o tym naokoło, ku zgrozie wszystkich przesądnych, którzy nie dzielą się swoimi radościami, jakby się obawiali, że ktoś je ukradnie, sen pryśnie albo że tabloid opisze tę miłość z ironią, w dodatku waląc zmyślonymi intymnymi tajemnicami między oczy. Ale cóż, po raz kolejny zaryzykuję. Ostatecznie miłość jest jak powietrze, człowiek wdycha ją i wydycha, człowiek się nią karmi i po niej stąpa, więc i tak – po pięciu wspólnych latach – Harasimowicz w tej książce będzie wyłaził każdym szwem: lepiej więc wprost Ci opowiem o nim i naszym życiu.

Przez mój dom przewijało się zawsze mnóstwo ludzi. Co zabawne, Filip bacznie się przyglądał wpadającym kolegom i zawsze padało z jego ust kontrolne pytanie: „Czy ten pan ma żonę?". Co znaczyło, że bada, czy ten ktoś jest tylko moim kolegą, czy też kandydatem do wprowadzenia się. Na szczęście wszystkie zapowiadające się bliżej znajomości uznawał za całkowicie naturalne. Oczywiście pochlebiam sobie, że to moja zasługa, bo nigdy byle kogo do domu nie wpuszczałam, a spośród fajnych, godnych zaufania mężczyzn, którzy mnie otaczali, wybrałam Filipowi najlepszego „ojczymka" z możliwych. Ale zdaję sobie też sprawę, jak wiele mam szczęścia; wiem, w jak trudnej sytuacji są matki, które stają przed wyborem: „Facet czy dziecko? Unieszczęśliwić siebie czy syna (córkę)?".

Mam fioła na punkcie równouprawnienia i uczciwości, a Czarek w tym względzie to dusza pokrewna. Jestem zatem za obroną praw mężczyzn (bo chyba przeceniamy ich możliwości psychiczne i fizyczne), ale on za to jest feministą i odrzuca kulturowy podział na role męskie oraz damskie. Wyobraź sobie, że w naszym domu to Cezary gotuje! I w dodatku to lubi (ja nie lubię i gotuję beznadziejnie… no, powiedzmy, zjadliwie). Oczywiście staram się go chwalić, ale nie jestem tak wielkoduszna jak on; kiedy jeszcze ja gotowałam – zawsze chwalił,

że pyszne. Jest śmiałym eksperymentatorem w kuchni, bywa więc, że efekt kolejnego (po serii udanych) eksperymentu jest wątpliwy. Nie marudzę, ale też nie potrafię udawać, że super. Na co on się uśmiecha… Och, on ma to COŚ!

To facet z wymierającego gatunku, z tych, co to dają kobiecie poczucie bezpieczeństwa. Daje mi stuprocentowe wsparcie. A mnie jest ono szczególnie potrzebne, ponieważ (taki jest tryb życia aktorów) żyję zrywami, w sposób nieuporządkowany oraz nieregularny. W tym zawodzie zwykle praca przychodzi falami. I tak, naraz, bez ostrzeżenia, zwala się jej potop – i wtedy trudno się odnaleźć, zorganizować, wyszarpnąć dla siebie choć chwilę. A potem nagle stop! – robota się kończy. I wtedy jeszcze trudniej się odnaleźć. Podobno Zbigniew Wodecki, kiedy znajduje w swoim kalendarzu dzień wolny, wpada w popłoch: „Oho, kończę się!". (Na pytanie, kiedy w takim razie odpoczywa, odpowiada, że na czerwonych światłach na skrzyżowaniu).

W ramach tego „syndromu kołowrotu" mam okresową bezsenność… I albo nie mogę zasnąć, albo budzę się o drugiej, trzeciej nad ranem i nie śpię dalej, tłukę się do rana. (Jeżeli to trwa dłużej niż dwa, trzy dni, to już nie walczę, biorę proszki przez następnych kilka dni, starając się jak najszybciej je odstawić).

Tylko Czarek potrafi mnie wtedy wybalansować. Przedziwne, jak zbawienny wpływ ma na człowieka czuła troska partnera, szklanka herbaty do łóżka, i faktyczne zainteresowanie dla rozchwianych uczuć.

Jest mistrzem ciętej riposty. Gościem z absolutnym słuchem językowym. Niedawno wrócił do domu, tarzając się ze śmiechu, ponieważ „wkręcił" dresiarza.

Otóż zauważył, jak jakiś „kark" w dresie demoluje przystanek – wyrywa paliki z jakiejś barierki. Czarek szybko ocenił, z kim ma do czynienia, zatrzymał samochód, odkręcił szybkę i – w celach społecznych – puścił dresiarzowi taką wiązankę, że draba postawiło na baczność! Dobór słów, intonacja, zachowanie – wszystko wskazywało na to, że Czarek stoi na szczycie w bandyckiej hierarchii! Takiemu szeregowy łysol nie podskoczy.

W pewnym sensie ten chuligan wylądował w ukrytej kamerze – ponieważ Czarek do celów zawodowych „kolekcjonuje" ludzi, gesty oraz sytuacje.

Zwykle komentuję każdy obejrzany film. Staram się dociec, dlaczego coś wypadło fantastycznie, albo dlaczego nie wyszło. Czarek mówi wtedy: „O! Pani profesor!". Jest scenarzystą, na konstrukcjach dramatycznych zna się z całą pewnością lepiej niż ja – aktorka, ale on nigdy się nie wymądrza. Nawet proszony o ocenę cudzych scenariuszy niechętnie się wypowiada. Nie chce nikogo urazić!

Jest z całą pewnością artystą, ale uważa się za rzemieślnika. Rzeczywiście ma do perfekcji opanowany warsztat. Umie się tak skoncentrować, że nic nie rozprasza jego skupienia, nawet dzwoniące telefony, potrafi równolegle prowadzić podwójne życie – to realne, w którym trzeba załatwiać bieżące sprawy, i to opisywane równymi rzędami znaków w komputerze.

z Czarkiem na pokazie mody
Dawida Wolińskiego, 2006 r.

Jest metodyczny, konkretny, poukładany i akuratny. Mąk twórczych nie cierpi, tak to przynajmniej wygląda, siada i pisze, po prostu, codziennie między dziewiątą a trzynastą. Precyzyjnie wie, czego chce, a także precyzyjnie to osiąga. Pomysły ma wcześniej przemyślane – zasiada do pracy z pewną wizją, ale nie mam pojęcia, kiedy i jak ten pomysł, ta wizja powstaje. Na pewno przygotowuje się starannie, tzn. dokumentuje tematy tych swoich scenariuszy; czasem są to wnikliwe studia nad najdziwniejszymi zjawiskami.

W tym samym czasie ja latam po mieście ze spotkania na spotkanie, z próby w teatrze na plan serialu. Dlatego gdy wracam do domu, marzę już tylko o ciszy i spokoju. Rada temu, że już nie muszę pięknie wyglądać i mogę spokojnie się rozluźnić – wdziewam podkoszulek lub szlafrok, skarpetki (bo kapci nie mam) i usiłuję zalec na kanapie z pilotem od telewizora. Ale właśnie wtedy Czarek, po całym dniu w domu (przed komputerem i w kuchni) spragniony atrakcji i wrażeń, proponuje mi wypad w świat zewnętrzny, ten, z którego ja właśnie z ulgą uciekłam.

I tu jest właśnie pora, by przypomnieć sobie to magiczne słowo, które jest podstawą każdego udanego związku: kompromis. Albo ja się mobilizuję i wychodzimy na jakąś mniej lub bardziej huczną imprezę, czasem (też kompromisowo) do kina (przynajmniej nie trzeba w ciasnych szpilkach gnać w tłum nieznajomych ludzi), albo poświęca się Czarek i zalega ze mną przed telewizorem. Czasem udaje mi się go namówić na wyjście z jakąś koleżanką (często to ja dzwonię po koleżankę), ale jeśli mam wyjątkowo wypełniony czas i tych wyjść jest kilka jedno po drugim, ryzykujemy, że rozejdą się plotki o naszym rozstaniu. Kiedyś zadzwoniła znajoma dziennikarka i głosem pełnym troski oznajmiła, że na mieście się mówi, że mamy kryzys. Zaczęłam się śmiać. „Wiesz, ja też już o tym słyszałam!", ale ona tylko westchnęła i powiedziała: „Doda i Majdan też dementowali na początku, a jednak się rozstali...". No i co Ty na to? Ręce opadają, nieprawdaż?

Daria Widawska, z którą dzielę garderobę w teatrze Prezentacje, ma wszystko w szafie poukładane kolorami. Do tego wieszaczki na drążku są wszystkie obrócone w jedną stronę. Bieżące kosmetyki zaś trzyma w tych kartonowych pudełkach, w których je kupiła: pudełeczka wyglądają na nietknięte, jakby wprost ze sklepu, tak starannie Daria je zawsze otwiera oraz zamyka. Ilekroć na to patrzę, oczy stają mi w słup: ja ilość kosmetyków ograniczam do minimum, bo jakbym miała ich więcej, to nic bym nie mogła znaleźć. Jakoś tak mi się samo dzieje, że błyskawicznie wszystko rozrzucam, a sprzątam długo i mozolnie.

Za to Czarek jest pedantem. Na szczęście nie chorobliwym, bo nie byłoby życia. W pierwszych miesiącach naszego wspólnego mieszkania chodził za mną i bez słowa zbierał porozrzucane przeze mnie ciuchy, więc podjęłam nieziemski wysiłek (zrobiło mi się wstyd) ogarniania rzeczy na bieżąco. Po pewnym czasie kompromis wypracował się sam. Czarek pogodził się z tym, że dom to nie muzeum, nie musi być idealnego porządku, a ja się staram, jak mogę. Bez rewelacji, ale jakoś tam mi wychodzi.

Kiedy Cezary gdzieś wyjeżdża, od razu nasze mieszkanko wygląda gorzej; zwyczajnie, motywacja mi słabnie. Ale co tam, zaraz wraca i jest okej!

Czarek reklamuje samego siebie jako „heroicznego optymistę". Po przełożeniu z polskiego na nasze oznacza to pesymistę, który nie chce płynąć na czarnej fali – i walczy o to, by nie osunąć się w depresję. Ale czasami mu nie wychodzi: z hukiem spada na dno, najczęściej zaś wtedy, gdy (kolejny raz) jakiś reżyser masakruje w trakcie zdjęć jego scenariusz, a w dodatku widz (lub krytyk) czyta jego nazwisko w czołówce, więc jest pewien, że tak miało być. Sama byłam świadkiem, jak pierwszego dnia zdjęć do filmu „Ja wam pokażę" rozdano aktorom „poprawione" przez Katarzynę Grocholę i reżysera teksty scenariusza, wywracające całą dramaturgię do góry nogami. Ponieważ byłam wśród tych

aktorów, usiłowałam protestować, a przynajmniej dowiedzieć się, co spowodowało takie zmiany. Odpowiedzi nikt w najśmielszych fantazjach by nie wymyślił: „Uwierz mi, tak będzie dobrze, ja tak czuję, o tu, tak mi mówi moja macica..." – odpowiedziała autorka popularnych bestsellerów. Co można powiedzieć na taki „argument"? Oczywiście nic! Scenariusze zawsze podlegają zmianom, film to dzieło zbiorowe, na którym najsilniejsze piętno odciska zwykle reżyser. Oczywiście idealnie byłoby, gdyby reżyser ze scenarzystą współpracowali, a potem w trakcie pracy na planie, w montażu, reżyser dodawał tę nieuchwytną, specyficzną jakość, która wynika z jego patrzenia na świat, jego wrażliwości, poczucia humoru itd. Wtedy powstaje fantastyczny film. To także Czarkowi się zdarzało, ale jakże rzadko! Dlatego marzy o pisaniu powieści (ma zresztą kilka na swoim koncie). Za książki może być odpowiedzialny absolutnie, może się pod nimi podpisywać obiema rękami, a także – gdyby było trzeba – brać za nie od recenzentów baty, na które, słusznie czy niesłusznie, lecz osobiście się zasłużyło. Ale z pisania książek wyżyć się nie da. No, chyba że się jest Katarzyną Grocholą!

To miał być rozdział z jakże banalną pointą, że zwykła, unormowana i szczęśliwa codzienność robi kobiecie na urodę lepiej niż najdroższe kosmetyki. Prawda ta nie dotyczy wyłącznie kobiet. Mój serdeczny przyjaciel, mężczyzna po przejściach, świeżo zakochany bez pamięci, tak opisał to zjawisko: „To niesamowite, ja chyba świecę! Nigdy nie miałem takiego powodzenia u kobiet!".

⊃ METODY NATURALNE

Nie jestem specjalistką od medycyny naturalnej, lecz praktykiem; stosuję ją od lat.

PRAWIDŁOWE ODDYCHANIE

Narody, które stosują metodę głębokiego oczyszczającego oddychania, żyją w bajecznej kondycji... i dłużej o ponad trzydzieści lat. Jest o co powalczyć.

Najważniejsze, żeby oddychać nosem.

Oddychanie przez usta jogowie nazywają „biegiem ku śmierci". Słusznie, bo owłosiona błona śluzowa nosa zatrzymuje „na bramce" osiemdziesiąt procent kurzu i bakterii z otoczenia, nie przepuszcza ich do płuc. Problem złego oddychania jest więc szczególnie poważny. Najbardziej widoczny jest u dzieci. Na przykład takich, które mają nos zatkany z powodu problemów laryngologicznych: one muszą oddychać przez usta i są to najbardziej chorowite dzieci pod słońcem. Żyją od anginy do anginy... U dorosłych zaś, których układ obronny już daje sobie radę z paciorkowcami i gronkowcami, złe oddychanie wywołuje przedwczesne starzenie się, miażdżycę, astmę oraz choroby serca. Dlatego wyreguluj oddech, kontroluj go świadomie. I wykorzystuj do oddychania nos, a usta do mówienia i jedzenia:

⊃ ale nie mów podczas jedzenia! – i wcale nie przez wzgląd na savoir-vivre, lecz potrzebę starannego, wielokrotnego żucia pokarmu!

⊃ ale mów tylko na wydechu – a nie na wdechu – w ten sposób ograniczysz powietrze, które dochodzi do płuc przez usta!

Oddychanie zdrowotne

To ćwiczenie rób na leżąco – jeżeli możesz. Ale na stojąco i siedząco też można. Codziennie rano i wieczorem przez dwie minuty oddychaj w taki sposób, by wdech był dwa razy krótszy niż wydech, a pauza pomiędzy – ten bezdech z płucami pełnymi powietrza – trwała cztery razy dłużej niż oddech. Na przykład:

⊃ 2 sekundy – spokojny wdech przez nos;

⊃ 8 sekund – wstrzymanie oddechu;

⊃ 4 sekundy – wydychanie powietrza – też NOSEM!

Oddychanie słoneczno-księżycowe

Żyjesz w najrozmaitszych rytmach (i to naraz). Jesteś kobietą, więc rządzi Tobą cykl księżycowy, lecz pełnia i przypływy morza mają we władzy również i Twego mężczyznę – ponieważ odrobinę zmienia się wtedy ciśnienie pod czaszką. Tak samo Słońce i Księżyc wywierają wpływ na Twój codzienny rytm oddychania: pewnie o tym nie wiesz, ale w ciągu doby oddychasz na zmianę przez prawe i lewe nozdrze...

Nie jest obojętne, przez który z tych kanałów do płuc wpada struga powierza, gdyż oddech aktywizuje nerwowy układ współczulny albo przywspółczulny:

⊃ powietrze wciągnięte przez prawe nozdrze – pobudza;

⊃ powietrze wciągnięte przez lewe nozdrze – hamuje, wycisza.

To ćwiczenie powtarzaj codziennie (parokrotnie) na przemian 10–12 razy dla każdego nozdrza po kolei:

⊃ zatkaj prawą dziurkę nosa (najwygodniej zrobić to kciukiem), a lewą wciągaj powietrze przez dwie sekundy, i po dwusekundowej pauzie – przez cztery sekundy wydychaj. Następnie po dwóch sekundach zatkaj lewy otwór nosowy i wykonaj ten sam cykl oddechowy

Uspokoisz się w ten sposób, poprawisz samopoczucie i zrelaksujesz. Pomożesz sobie także w ten sposób doraźnie, gdy bierze Cię katar, boli głowa albo łamie reumatyzm. Poobserwuj się, kiedy masz katar, sprawdź to sama. Nie musisz mi wierzyć na słowo: ale jak katar zatka Ci prawą dziurkę – będziesz otępiała i zmęczona, a jak lewą – to dopadnie Cię bezsenność, rozdrażnienie i niepokój.

Oddechowa kuracja odchudzająca

Procesy oddychania i trawienia są ściśle powiązane, więc można zrzucić z wagi dwa–cztery kilo w ciągu dwóch miesięcy… drogą ćwiczeń oddechowych. Wstrzymaj, proszę, parę razy dziennie oddech na 30 sekund – i sama zobacz (najlepiej to robić podczas spaceru). Wietrz w czasie tej kuracji (ZAWSZE!) przyzwoicie mieszkanie, chodź po domu w samych majtkach, żeby skóra pooddychała (Hania Śleszyńska zawsze, jak chce się zrelaksować, po domu chodzi w samej bieliźnie) – i czekaj na efekty.

WODA

Ciało składa się w siedemdziesięciu procentach z wody. Jakość swej wody pitnej masz wypisaną na twarzy: od tego zależy jej kolor, a starzenie objawia się zaburzeniami nawodnienia skóry. I już z tych powodów warto, byś wiedziała, co trzeba pić, żeby uniknąć „melioracji" u chirurga.

Mineralna?

Codziennie musisz wypić 1,5–2,5 litra płynów, to prawda. Woda prawie zawsze zawiera (nierozpuszczalne w organizmie) sole wapnia i żelaza.

Ale nie wszystkie kamienne fusy osadzają się w czajniku – reszta ląduje w Tobie… A co dopiero, jeżeli na okrągło wlewasz w siebie mineralną i jeszcze w dodatku używasz jej do gotowania zup!

Zapamiętaj: w wodzie mineralnej są domieszki nieusuwalne z ciała, które lądują potem w stawach i mięśniach. (Pokręć teraz głową – zachrzęściło?! – zaskrzypiało?! Jeśli dalej bez umiaru będziesz piła mineralkę, zacznie Ci chrupać w każdym stawie jak Blaszanemu Kowalowi z Krainy Oz). Mineralną trzeba popijać umiarkowanie. Albo robić kuracje; przez określony czas, na przykład dwa, cztery tygodnie, pić wyłącznie mineralną. Ale potem trzeba zrobić przerwę na dwa, trzy miesiące.

Kranówa? – nie!

Woda z wodociągu to kanał. Gotując, ulepszasz ją, ale:

⊃ woda nadal jest zatruta chlorem (gotowanie go NIE likwiduje! – przegotowana woda musi postać dwie, trzy godziny, żeby ten gaz odparował);

⊃ woda wciąż zawiera pierwiastki promieniotwórcze (jeżeli więc już zdecydowałaś się odstawić wodę, by pozbyć się chloru, nie pij wody z dna dzbanka – to właśnie na dno opadły metale ciężkie i pierwiastki radioaktywne, lepiej, by wylądowały w zlewie niż w Tobie);

⊃ woda jest „martwa": bo właśnie w temperaturze stu stopni wyeliminowałaś z niej aktywny tlen oraz zmieniłaś jej naturalną strukturę.

Jak oswoić wodę?

⊃ Pod przykrywką przegotuj wodę z kranu. Ostudź. Włóż do zamrażalnika (temperatura minus 4 stopnie C) na 2–3 godziny. Jak woda zamarznie – przebij lód, wodę spod spodu zlej.

⊃ Zimą wystaw garnek z przegotowaną wodą na balkon. Potem niech się samoistnie roztopi.

To właśnie ten naturalny eliksir młodości pijają Jakuci z głębokiej Syberii: mają średnią długość życia ponad sto lat (i to nie jest propaganda radziecka!), pomimo że praktycznie nie jedzą warzyw i nie mają wodociągów ani studni.

Taką wodę pij chłodną lub w temperaturze pokojowej – już nie gotuj! Jedna szklanka na czczo, co rano, szybko poprawi Twoje zdrowie i Twój wygląd. (Ale pamiętaj, by najpierw przepłukać usta, gdyż nocą w buzi osadziły Ci się świństwa. Na pewno ich nie chcesz połykać!).

⊃ CZY UMIESZ PIĆ?

Jak pies je, to nie szczeka. A człowiek jak je – to nie pije. Wszelkie płyny przyjmuje się jak lekarstwa homeopatyczne: na piętnaście–dwadzieścia minut przed jedzeniem lub w godzinę po jedzeniu: soków trawiennych nie wolno rozcieńczać! Albo jesz, albo pijesz! Nigdy razem!

Rozdział 9

DOM RODZINNY I DZIECIŃSTWO

Moje pierwsze wspomnienie w życiu; jakaś łąka, pagórki. Siedzę w spacerowym wózku, jest piękny, słoneczny dzień, Mama – w jasnej sukience – i Tata... Zbliżamy się do stada baranów, które na nasz widok zaczynają obłędnie beczeć. Potwory, które za chwilę całą naszą trójkę rozszarpią. Więc ja na to jeszcze głośniej niż one!

Inny obrazek. Tym razem zimowy. Wzdłuż rzeki Raduni, zaraz za kościołem, Tato ciągnie sanki, na których siedzę zakutana tak, że widać mi tylko oczy. I nagle Tato, jak to Tato, znany żartowniś, postanawia nagle zmienić rytm nudnej przejażdżki, z okrzykiem szarpie sankami i mknie przed siebie jak rączy jeleń, nie zauważywszy, że jego jedynaczki dawno już na sankach nie ma. Znowu się wystraszyłam, ale chyba oszołomiona upadkiem (nieźle rymsnęłam głową w śnieg) nie zdążyłam się nawet rozryczeć, kiedy skruszony był już z powrotem.

podpis na odwrocie zdjęcia autorstwa Taty: „Nasza Grażynka tj. taki Misio Uszatek, na tym zdjęciu ma równo cztery latek – 07.12.1962"

Ciekawe tylko, czy sam się przyznał, czy to ja nakablowałam, nie pamiętam, ale Mama bardzo na niego potem nakrzyczała.

I pamiętam, jak nie chciałam chodzić do pewnego przedszkola, bo Pani straszyła dzieci Babą Jagą, żeby były grzeczne. I faktycznie, sparaliżowane strachem, były grzeczne!

Przyniosłam kiedyś z podwórka do domu dwie dżdżownice. Wrzuciłam je do doniczki, w której rosła wielka pod sufit palma, botaniczna chluba mojej Mamy. Chciałam, żeby rosła jeszcze piękniej, a usłyszałam (może to już nawet w szkole), że dżdżownice są bardzo pożyteczne, bo spulchniają ziemię, więc wszystko lepiej rośnie... Dziwne, bo jakiś czas potem palma zaczęła usychać. Słyszałam strapioną Mamę, jak razem z Tatą usiłuje dociec przyczyny. Widziałam, jak próbują ratować ulubienicę, serwując jej różne odżywki i preparaty chemiczne (grzybobójcze chyba). Bez skutku. Palma wprost marnieje w oczach! Ja cały czas siedzę cicho, choć mam od początku niejasne

Babcia Zofia

przeczucie, że dżdżownice mogą z tym usychaniem mieć jakiś związek. W końcu ostatnia akcja ratunkowa. „Przesadzamy!" – podjęli decyzję rodzice. Jakież było ich zdumienie, kiedy odkryli, że w korzeniach palmy kłębi się stado głodnych robaków. „Przecież wrzuciłam tylko dwa!" – zdekonspirowałam się, również niebotycznie zdumiona. No cóż, trzeba było temat rozmnażania poruszyć z córką trochę wcześniej! Aha, po przesadzeniu palma odżyła.

W podobny sposób załatwiłam także lalkę, którą bardzo kochałam. Miała na imię Grażynka – i to nie ja ją tak nazwałam: tak było napisane na firmowym pudełku: „Lalka Grażynka". Była średniej wielkości, z luksusowego miękkiego plastyku… I miała prawdziwe włosy, które ciachnęłam na ukos podczas zabawy we fryzjera. Nawet do głowy mi nie przyszło, że nie odrosną. Nigdy nie odzyskała dawnej urody. Założę się, że też masz na swoim koncie taki eksperyment!

Wiele numerów wycięłam także dlatego, że (do dzisiaj) prostodusznie podchodzę do informacji z zewnątrz. To znaczy nie zastanawiam się nad tym, co usłyszałam, Wierzę na słowo: jeżeli ktoś powiedział, że tak jest lub tak należy zrobić – to znaczy, że tak jest.

W tamtych czasach co jakiś czas malowało się podłogowe dechy jasnobrązową olejną farbą. Pamiętam, jak tata (inżynier!) zaczął takie malowanie – od progu (!), nie bacząc, że sam odcina drogę odwrotu sobie i mnie także – bawiłam się właśnie w tym pokoju, pod stołem. Po pewnym czasie powiadomiłam go cieniutkim głosikiem: „Tato, siku mi się chce!". Najpierw Tato usiłował mi wytłumaczyć, że musimy oboje zaczekać, aż farba wyschnie, ale kiedy marudziłam coraz bardziej, zdenerwowany burknął na odczepnego: „No to zrób!". Miało mi to uświadomić, że takiej możliwości po prostu nie ma. Ale ja usłyszałam polecenie i wykonałam… pod stołem. Na szczęście Ojca to tylko rozśmieszyło! Mniej śmieszny finał miało inne moje marudzenie: „Tato, urwałam bazię, co mam z nią zrobić?" Tato znad deski kreślarskiej: „Nie wiem, zrób, co chcesz!". „Ale co, Tato, no powiedz, co można zrobić z bazią?". Tato na odczepnego: „W nos sobie wsadź!". No i oczywiście wsadziłam. Skończyło się u laryngologa. Wrzeszczałam wniebogłosy, ze strachu raczej, jak strumień światła z laryngoskopu raził mnie w oczy, a biały potwór wsadzał mi do nosa zimne szczypce!

Tato był najważniejszym człowiekiem w moim życiu. Bardzo długo był moją alfą i omegą. Kochałam go nieprzytomnie, a każda chwila bez niego dłużyła się w nieskończoność. „Proszę cię, nie wychodź!". „Ale ja tylko na godzinkę!". „Taką małą godzinkę?". „Taką małą!". „No to idź". Odtąd wiedział już, że może wychodzić na godzinkę, ale na godzinę nigdy mu nie pozwolę!

Mama wracała z pracy, z kolejek, z rękami wyciągniętymi od siatek. A potem (przynajmniej przez pierwszych dziesięć lat mojego życia) jeszcze musiała rozpalić w piecu, żeby ugotować obiad... a potem już tylko miała mi za złe, że znowu uwaga w dzienniczku, że oberwane kieszenie u szkolnego fartucha lub że dynda mi się gdzieś na plecach wykrochmalony, codziennie prany i ręcznie przyszywany do fartuszka kołnierzyk. Nie tylko odzież wierzchnia była ofiarą codziennych przepychanek z chłopakami; kiedyś Romek Kapica, uciekając przede mną, skoczył ze schodów, akurat w chwili, gdy go złapałam za włosy – no i te włosy, cała garść, zostały mi w ręku... Mama, przemęczona i sfrustrowana, dźwigała na barkach socjalistyczną rzeczywistość oraz mnie, która nigdy nie byłam w stanie sprostać jej oczekiwaniom. Literki w zeszycie skręcały mi zdecydowanie w górę lub w dół. Plamy od atramentu kwitły na moich palcach, na ławce, na ubraniu. Raz nie dałam sobie zrobić zastrzyku! Cała klasa grzecznie, a ja jedyna stawiłam fizyczny opór pani higienistce, czyli własnej matce! Na oczach leka-

rodzina Wolszczaków z Babcią Julcią na czele

na imprezie w akademiku, 1980 r.

rza! Co za wstyd! Innym razem pani dyrektor stoi sobie z panią higienistką na korytarzu, a tu zza rogu wylatuje, wrzeszcząc wniebogłosy, horda rozszalałych dzieciaków! A za nimi, wrzeszcząca najgłośniej i wymachująca paskiem od tornistra córka pani higienistki, czyli ja. Co za wstyd! Innym razem to mnie gonią, zamiast w klamkę trafiam ręką w szybę, huk, krew (do dziś mam bliznę), szyba zbita, Mama wezwana, taki wstyd, i to dziewczynka! I tak w kółko!

Sytuację pogarszał fakt, że Mama trzymała mnie pod kloszem. Że żyła w przeświadczeniu, że albo ktoś mi zrobi krzywdę, albo że to ja wejdę w szkodę. Jej wyobraźnia nie dopuszczała tej najprostszej ewentualności, że dam sobie radę śpiewająco, jeżeli tylko zostanę obdarzona zaufaniem… W efekcie nie jeździłam na wycieczki szkolne, nie dostawałam oranżady w proszku, którą wszystkie dzieci zlizywały sobie z palców ("bo to zarazki i niezdrowe"), nie kupowano mi na jarmarku pańskiej skórki. Nie wychodziłam też po zmroku. Do kina – tylko na popołudniówki. W związku z tym zawsze coś miałam na sumieniu. Starając się jakoś radzić sobie w tym ograniczonym nakazami i zakazami życiu, ukrywałam, co mogłam. Zwykle jednak Mama wpadała na trop mojej kolejnej winy. Z hukiem się wydawało, co przeskrobałam – małe grzeszki zaś urastały do rozmiarów niemalże przestępstwa, wypominanego mi potem przy każdej okazji. Tacie puszczały nerwy tylko na jedną okoliczność – zgubionego klucza od domu; musiał wtedy zmieniać zamki. Na znikanie klucza nie było rady; jak nosiłam go na szyi – to na wuefie musiałam zdjąć, co już wystarczało, by rozpłynął się

z Dorotą Dobrowolską, ferie w Zakopanem, 1980 r.

w niebycie. Jak był przypięty na sznurku do tornistra, to musiałam go odpiąć, żeby otworzyć sobie drzwi... No i tak znikał, średnio dwa razy do roku. Trzeba mnie było widzieć, jak wracam do domu, noga za nogą, żeby choć o chwilę odwlec piekło, które zaraz się rozpęta!

W wymykaniu się surowym rygorom wykazywałam zresztą sporą pomysłowość – czy nawet przebiegłość. Zawijałam resztki z obiadu, chowałam w kieszeń i cichcem wynosiłam do śmietnika... To był mój patent na: „Nie wyjdziesz, dopóki nie zjesz". Pamiętam, jak uczyłam dużo mniej przedsiębiorczą koleżankę, jak sobie radzić w podobnych trudnych sytuacjach życiowych. Bo, jak wynika z moich wspomnień, wszystkie znajome dzieci miały wówczas ten problem z kanapkami i obiadami – tuczono nas jak gęsi. Może dlatego, że nasi rodzice we własnym dzieciństwie doświadczyli wojny, okupacji i głodu – i na tle jedzenia mieli obsesję.

Wojna zresztą w jakiś nieuchwytny sposób wciąż trwała. Przez całe dzieciństwo miałam koszmarne sny wojenne: o zabijaniu, pożarach i pościgach przez gruzy.

Raz na wycieczce z rodzicami na Śnieżkę dostałam ataku panicznego lęku, kiedy dorośli wycieczkowicze zaczęli mówić: „O! Niemcy! Niemcy!". Nie rozumiałam, dlaczego się nie chowamy. Zza której góry wyłonią się hełmy ze swastykami i skąd padnie śmiertelna seria z karabinu maszynowego. Nie wiedziałam, że „Niemcy" to taka sama wycieczka jak nasza, tyle że mówiąca w innym języku.

Nie mam pojęcia, skąd te sny i ta wyobraźnia, bo o wojnie w domu w ogóle się nie mówiło, telewizję miałam ściśle reglamentowaną (o wieczornych filmach w ogóle nie było mowy – dobranocka i spać!), mnie ominął nawet hit tamtych lat „Koń, który mówi", emitowany w telewizji w niedziele, o porze, gdy trzeba było iść do kościoła. „Władza specjalnie tak robi, żeby ludzi odciągnąć od wiary…" – wyrzekano u mnie w domu. „Wkładaj buty, nie damy się, idziemy na mszę!".

Pewnie robiła swoje edukacja szkolna. Kiedyś oświadczyłam rozbawionym rodzicom, że chciałabym mieć za męża Stalina! Nie mam zielonego pojęcia, skąd ten Stalin mi się wziął. Przecież za mojego dzieciństwa wszyscy Ojcowie Rewolucji już nie żyli. Nie wiedziałam o tym oczywiście i to właśnie Józefa Wissarionowicza wyobrażałam sobie jako niedościgły wzór doskonałości. Dzisiaj oczywiście trudno wyjaśnić, jak intensywna była partyjna propaganda – a zarazem jak słabo indoktrynowano Polaków w porównaniu z narodami ZSRR. Może prościej powiedzieć, że mama Piotra Gąsowskiego, Rosjanka z pochodzenia, bardzo płakała wstrząśnięta wieścią o śmierci Stalina… Przerażone dziecko było pewne, że skoro Słońce Narodów zgasło nad horyzontem, na ziemi zapadną ciemności…

A jednak genialne było to moje dzieciństwo. I te huczne Wigilie – zawsze u babci Julci, mamy ojca. Babcia miała siedmioro dzieci, zjeżdżali się wszyscy; z żonami, mężami, dziećmi i pysznymi wiktuałami, bo przyjęcie zawsze było składkowe. Specjalnością mojej Mamy był barszcz i uszka z grzybami. Pycha!

Dzieci miały osobny stół, bo po prostu nie mieściły się przy stole głównym. Byłam najstarsza z wnucząt, więc dyktowałam zabawy, robiłam za moderatorkę: wyciągaliśmy biżuterię, jakieś szminki – i było malowanie się, przebieranie. Potem przychodził Święty Mikołaj z wielkim workiem prezentów, ale każde dziecko musiało powiedzieć wierszyk lub zaśpiewać piosenkę, żeby dostać prezent. Spotkanie z Mikołajem było zawsze wielkim przeżyciem, niektóre dzieci tak paraliżował strach, że nie były w stanie wykrztusić ani słowa. Ja chyba nigdy nie miałam problemów z występowaniem. Kiedyś niemal zamęczyłam całą wielką rodzinę przywiezioną z kolonii piosenką o Cyganie, która miała szesnaście zwrotek. Bez podkładu muzycznego (i zapewne okropnie fałszując) odśpiewałam sumiennie wszystkie po kolei. A Mikołaj miał dla mnie figurówki! Najprawdziwsze łyżwy z białymi butami do jazdy figurowej. Dokładnie takie, o jakich marzyłam! To nie te żałosne namiastki łyżew, przykręcanych do zwyczajnych kozaczków! Niestety, po paru dniach z łyżew zaczął odłazić nikiel. Mama zareklamowała wadliwy towar, a reklamację uwzględniono w lipcu. Nigdy więcej w życiu nie miałam figurówek.

Również w lipcu znalazłam na babcinym kredensie w kuchni maskę Mikołaja. Trzymałam w ręku brodę i wąsy z waty i nie byłam pewna swych uczuć. Z jednej strony radość z odkrycia przełomowego – nie ma Mikołaja, nabieracie nas! Święty Mikołaj nie istnieje! A jednak żal… Zagadali mnie wtedy, cichcem schowali maskę – i oświadczyli, że coś mi się przywidziało. Ale ja już wiedziałam swoje!

z Krzysztofem Tyńcem i Barbarą Borys-Damiecką na tournée z Teatrem Syrena, Toronto, 2005 r.

Tata świetnie się miewa, choć jest na emeryturze, wciąż prowadzi aktywne życie. Ale cóż, Mama umarła przedwcześnie.

Nie udało mi się jej przyjrzeć, kiedy miała tyle lat, co ja teraz. Ale niedawno znów oglądałam jej zdjęcia, niesamowite, jaka jestem podobna!

Kłamstwo powtórzone tysiąc razy staje się prawdą. Informacja powtórzona tysiąc razy koduje się w Twoim mózgu na zawsze. A przecież… wychowywanie dzieci polega właśnie (między innymi) na wielokrotnym powtarzaniu im konkretnych instrukcji na rozmaite tematy! To z domu, chciał nie chciał, wynosimy zasady savoir-vivre'u, przyzwyczajenie do mycia nóg i zębów oraz – i w tym szkopuł – tradycyjne nawyki żywieniowe. Czyli wyobrażenie, najczęściej zgodne z przedwojennym stanem wiedzy, do tego obciążone skazą głodu za okupacji oraz socjalistycznymi problemami z aprowizacją, ile, czego, kiedy i jak należy jeść, żeby być silnym i zdrowym. Zapewne w najlepszej wierze, chodzili za Tobą i powtarzali: „Pij mleko! Zjedz chlebek! Popij obiad kompotem!". A teraz, jeżeli chcesz być naprawdę silna i zdrowa, musisz sobie własnoręcznie przeprać mózg. (Tylko wyłącz, kochanie, wirowanie).

⊃ ZAKAZANE DO SZEŚCIANU: SZKODLIWE, ZBĘDNE, CIĘŻKO STRAWNE

Świat jest już tak zatruty i skażony, że trudno mówić o naturalnym odżywianiu. Bo już nie ma prawdziwie zdrowej żywności – taka nie wyrasta w okolicach autostrady na kontynencie, który przez dwadzieścia lat stosował DDT, i w kraju, w którym od kilkudziesięciu lat spryskuje się i nawozi chemicznie, co tylko można i kiedy się da.

Jednak zawsze można wybrać lepiej lub gorzej, prawda?

Ja zrezygnowałam z białych trucizn. I uważam, że między produktami w postaci naturalnej oraz rafinowanej, przetworzonej jest taka sama różnica jak między kwiatem sztucznym: chryzantemą z plastyku a kwiatem żywym, zerwanym w ogrodzie (w którym nikt nie stosuje oprysków oraz nawozów sztucznych!).

Obecnie większość żywności jest rafinowana i „dosmaczana". Uchodzi za „ulepszoną", podczas gdy w rzeczywistości zjadasz coś podobnego do papieru i plastyku. I wierzysz w produkty, które wcale Cię nie odżywiają, lecz zapychają żołądek... albo Ci szkodzą. Oto radości cywilizacji! Trzy białe trucizny – cukier, mleko i rafinowaną mąkę, które wymiernie skracają Ci życie oraz pogarszają jego jakość, wywołując choroby – cywilizacja okrzyknęła bazą ludzkiego pokarmu! I otoczyła je kulturowymi mitami, gdyż biały cukier i biała mąka weszły do użytku jako symbol luksusu, przeznaczonego dla wyższych warstw społeczeństwa, czegoś drogiego, niedostępnego dla plebsu. Ja tam wolę być zdrowym ciurą niż chorą pseudoarystokratką, ale wybór należy do Ciebie. Przypominam, że dzisiaj nieczyszczony cukier i mąka są o wiele droższe od rafinowanych...

⊃ CUKIER

Rafinowany cukier to horror – sacharoza, dla ludzkiego organizmu nastawionego na trawienie cukrów prostych (np. fruktozy) substancja całkiem obca. Taka, która właściwie nie jest wchłaniana – natomiast powoduje zanik naczyń krwionośnych i zwyrodnienia komórek. Oraz cukrzycę.

Sok z buraków jest w cukrowni „oczyszczany" chemicznie. Na etapie wybielania stosuje się do tego chlorek wapnia, bardzo silną truciznę. Jakoś nie chce mi się wierzyć, że ten chlorek nie występuje potem w cukierniczce (o czym w szczegółach poczytaj gdzie indziej: ja nie będę bardziej się frustrować). W sytuacji, gdy cukier jest dodawany dosłownie do wszystkiego – i nie sposób przed nim uciec – ja niczego nie słodzę białym cukrem. I wolę mieć do czynienia ze słodyczą z naturalnymi „zanieczyszczeniami": nie przeszkadzają mi fusy, musy i fuzle w sokach, brunatny kolor cukru trzcinowego ani okruchy wosku w miodzie.

⊃ JAK OSWOIĆ CUKIER?

Być może musisz posłodzić herbatę, bo Ci nie smakuje gorzka. W takim wypadku – przerób, proszę, cukier (sacharozę) na cukry proste: te Ci tak nie zaszkodzą.

75 dkg cukru wymieszaj z 200 ml wody i 20 dkg miodu (w szklanym naczyniu – i drewnianą łyżką!). Odstaw na osiem dni..., ale codziennie przemieszaj ze trzy razy tę mieszankę. Gotowe!

⊃ MLEKO

Człowiek jest jedyną istotą na globie, która w wieku dorosłym spożywa pokarm, wytworzony na potrzeby niedojrzałych organizmów. (Jak mówię jedyną, to znaczy – jedyną: to my nauczyliśmy koty pić mleko… i już wiadomo, że przez to żyją o połowę krócej niż wtedy, gdy żywią się mięsem). W dodatku jest to pokarm dla dzieci innego gatunku zwierząt, które tym mlekiem się żywią w specyficznej fazie rozwoju…

Bo z białka mleka krowiego – kazeiny – cielęta budują sobie kopyta i rogi, wiedziałaś o tym? I kiedy mają pół roku, z ochotą odczepiają się od wymion, gdyż ich potrzeby zostały trwale zaspokojone… Na oko widać, że taki pokarm musi nieźle mieszać w ludzkim metabolizmie – i że zawartość kazeiny w mleku, jakie pijesz, jest zdecydowanie zawyżona w stosunku do Twoich realnych potrzeb: chyba że od czasu, gdy Cię ostatni raz widziałam, zapuściłaś sobie rogi.

Taka sama granda jest z tłuszczem. Tłuszcz z mleka krowiego wypłukuje wapń… (witaj, osteoporozo!) i powoduje problemy z cholesterolem. Proponuję ci więc kontrhasło dla sloganu: „pij mleko – będziesz wielki": „pij mleko, a zostaniesz garbatą blondynką".

Warto też powiedzieć kilka słów o różnicy między Twoim układem pokarmowym a cielęcia. Cielak trawi trawę i mleko osobno – bo ma dwie komory żołądka, przez co unika rewolucji, którą ty sobie fundujesz. A Ty – masz tylko jeden żołądek, gdzie kwasy ścinają tę kazeinę w lepki twaróg (rozkładany wyłącznie przez podpuszczkę, której Twój organizm nie wydziela mniej więcej od drugiego roku życia). A potem to ścięte białko oblepia cząstki każdego innego pokarmu – nie dość, że mleko samo jest ciężko strawne, to jeszcze utrudnia trawienie.

Czy już wiesz, dlaczego ogóle nie piję mleka, a do jego przetworów podchodzę bez szczególnego entuzjazmu?!

⊃ JAK OSWOIĆ MASŁO?

Bez tłuszczu nie ma życia. Przynajmniej – świadomego, gdyż mózg składa się w wielu procentach z tłuszczu (idealnie jednak mózg odżywia tylko olej z siemienia lnianego, świeżutki i tłoczony na zimno). Poza tym w tłuszczach rozpuszczają się niektóre witaminy. No i podobno naukowcy zdementowali już dawno tezę, że masło i jaja podnoszą cholesterol. O margarynach, uwodornianych (piękne słowo) na zimno, w kółko trąbią gazety, więc zapewne już wiesz, że tłuszcz delta odkłada Ci się idealnie wokół pępka i że jest be. O oliwie i olejach musisz poczytać gdzie indziej – byle nie na ulotkach ich producentów – temat jest zbyt ważny, żeby go potraktować per noga, a tutaj brak miejsca na szczegółowe wywody. Dlatego daję Ci przepis na przetopienie masła śmietankowego: sposób na przeistoczenie substancji, jak wszystko chemicznie „ulepszonej", którą codziennie kupuję, w coś człowiekowi przyjaznego…

Kostkę masła zalać 200 ml ciepłej przegotowanej wody. Gotować przez godzinę na małym ogniu. Po ostudzeniu wstawić do lodówki, aby zastygło. Potem wylać wodę do zlewu. Przetopienie oczyści masło z domieszek (przejdą do wody) i naturalnie wydłuży termin przydatności do spożycia.

⊃ MĄKA

Zmielona, nieoczyszczona mąka składa się w 85% ze skrobi, a w 15% – z otoczki, zawierającej substancje pomocne w przyswojeniu tej skrobi. W takiej mące masz więc witaminy z grupy B, PP i F, substancje mineralne i fermenty. A kiedy jesz potrawy z takiej mąki – przyswajasz 100% energii zawartej w ziarnach: miseczka jedzenia wystarcza, żebyś chodziła jak parowóz.

Rafinowana mąka jest zaś oczyszczona z tych dobroczynnych „dodatków" – więc czysta skrobia nie jest trawiona z marszu. Przeobraża się ona w Twoich jelitach w niestrawny klajster, który oblepia ich ścianki, maże się i je zatyka. (Jak nie wierzysz – zalej pół szklanki mąki wodą z kranu i trochę poczekaj: otrzymasz śluzowaty klej... Nigdy go sobie nie wytworzyłaś na zajęciach praktyczno-technicznych?). Mąka ta jest zaprawiana spulchniaczami, polepszaczami itd., które odkładają się w Twoim organizmie – ich usunięcie z ciała wymaga specjalnego procesu oczyszczenia. A do tego pieczywo z takiej mąki wyrasta na drożdżach piekarskich: od dawna wiadomo, że powodują one w jelitach złożone procesy fermentacji, których skutki są dramatyczne... Dlatego drożdże trafiły na listę katalizatorów niektórych chorób psychicznych (np. autyzmu i nadpobudliwości oraz zaburzeń afektywnych), a także na listę kancerogenów: substancji powodujących raka (np. jelita grubego).

Chyba już jasne, dlaczego Biblia zaleca przaśny chleb.

W ogóle nie jem białego pszennego (podobno 85% populacji uczulone jest na gluten zawarty w pszenicy) pieczywa: wolę chleb z mąki żytniej grubo mielonej, najlepiej pieczony bez użycia drożdży (na zakwasie). I Tobie polecam to samo. W ostateczności jem grzanki z 1–2-dniowego ciemnego chleba, tj. takiego, w którym drożdże straciły już swą aktywność. Poza tym nie tykam rafinowanego ryżu i „błyskawicznych" kasz – i makaronu z podłej mąki.

⊃ JAK OSWOIĆ WARZYWA?

W naturze jest zasada samotrawienia, tzn. około 50% trawienia odrabiają za Ciebie fermenty zawarte w tkankach Twojej ofiary: roślinnej czy zwierzęcej. Jedz więc owoce i warzywa w całości: ze skórkami, z gniazdami nasiennymi etc. (w miarę możliwości; nie namawiam Cię do pożerania skórek od bananów... oraz królików z futrem!). A ziarna jedz grubo mielone; unikaj rafinowanej mąki!

Jeżeli nie masz gwarancji, iż warzywa są ekologiczne (nie wyrosły przy drodze) – wymocz je w słonej wodzie, bez dostępu światła. Po trzech godzinach wypłucze się z nich do czterdziestu procent promieniotwórczych nuklidów (możesz się śmiać z medycyny naturalnej, ale chyba się nie będziesz śmiać z osmozy, prawda?!).

⊃ SOKI

W świeżych sokach warzywnych i owocowych masz komplet witamin, soli mineralnych, mikroelementów. Pijąc soki, zmieniasz pH organizmu na właściwe, czyli zasadowe. (Tylko z sokami z cytrusów trzeba ponoć ostrożnie, należy pić je z rzadka – w naszym klimacie cytrusy mają właściwości zakwaszania i wyziębiania organizmu).

Możesz się nimi leczyć z wielu przypadłości – na czele ze zmarszczkami, bo soki uelastycznią Ci skórę (nawodnią, rozpuszczą złogi mineralne – oraz wypłuczą martwe komórki). Dużo się nie narobisz, a ominiesz konserwanty (i syntetyczną witaminę C) w sokach z kartonów.

Co trzeba wiedzieć o sokach, by czerpać z nich maksimum korzyści

⊃ Gros chemii, którą podlewa się pola, zostanie w wytłokach z sokowirówki. Ani się waż tego jeść – wywal!

⊃ Dobroczynne składniki soku owocowego mają trwałość cztery godziny. Warzywnego – dziesięć godzin (raczej pij warzywne). Najkrótsze przechowywanie w lodówce przyspiesza fermentację, choć smak może się nie zmienić – teraz już wiesz, co sądzić o sokach z kartonów, prawda?

⊃ Pijesz soki 20 minut przed jedzeniem – przez słomkę albo małymi łyczkami. Delektuj się, to jest lekarstwo.

⊃ Po 30 minutach od spożycia soki są już przyswojone w stu procentach: oddały Ci już całą swą energię, a w jelitach masz remont. Super!

⊃ SAMA SPRÓBUJ, A ZROZUMIESZ!

⊃ Sok ze świeżej kapusty pomoże Ci stracić nadwagę (jedna szklanka soku rano i jedna wieczorem wywoła intensywny rozkład tkanki tłuszczowej... ale pij też sok ze szpinaku: przeczyszcza!).

⊃ Sok z liści koniczyny (źródło fitoestrogenów) pomoże przy przedwczesnym klimakterium – nie tylko klaczy... więc wypróbuj to na wakacjach, jak się trafi okazja.

⊃ Sok z buraków wstrzymuje menopauzę.

⊃ Sok z marchwi oczyszcza wątrobę – pewnie zżółknie Ci nieco skóra. Ta specyficzna, słoneczna karnacja to toksyny z rozpuszczonych złogów. Wszystko wróci do normy (niekiedy po 6–12 miesiącach), a tymczasem – nie potrzebujesz samoopalacza!

⊃ ZDROWE NAWYKI ŻYWIENIOWE

⊃ Jedz wszystko, co rośnie: na ziemi, w ziemi i na drzewach – wyłącznie w postaci surowej lub gotowanej.

⊃ Nie mieszaj ze sobą białek i węglowodanów: przerwa między jednym i drugim rodzajem pokarmu powinna wynosić co najmniej dwie godziny.

Pokarmy białkowe to: mięso, ryby, jaja, rosoły, bakłażany, fasola, bób, orzechy, ziarna słonecznika. Węglowodany: pieczywo, kasze, ziemniaki, cukier, miód. Tak! – dobrze zrozumiałaś: albo mięso, albo kasza lub ziemniaki! Nigdy naraz!

○ Białko i węglowodany wolno mieszać z tłuszczem i „żywymi produktami" (owoce i warzywa – prócz ziemniaków – zielenina, suszone owoce, jagody).

○ W razie uczucia głodu możesz jeść warzywa, owoce lub pić wodę, soki, herbatę z liści malin, jeżyn, brzozy, czarnej porzeczki (4–6 szklanek dziennie).

○ Naucz się wolno przeżuwać (zdrowi 25–30 razy, chorzy 50–70 razy) każdy kęs.

Od ręki nie zrobisz rewolucji w kuchni. Zmień swoje nawyki etapami.

Pierwsze 2–3 miesiące

○ Po kolei wyłącz z jadłospisu produkty, które zawierają biały cukier i białą mąkę, konfitury, słodycze oraz przetwory konserwowane (zwłaszcza te na occie).

Przypominam: do rafinowanych i nienaturalnych produktów należą kiełbasy, wędliny (konserwowane saletrą), margaryny, konserwy, przetwory, ocet spirytusowy, zupy w proszku, różne sosy...

○ Cukier zastąp miodem lub xylitolem (naturalny słodzik z brzozy, posiada mnóstwo zalet i jedną wadę – jest drogi).

○ Ogranicz do minimum kawę, czarną herbatę, mięso i mięsne buliony, a także mocny alkohol.

○ Rozstań się z tłuszczami zwierzęcymi, tłustym mięsem typu wieprzowina (ogranicz do minimum żółty ser).

○ Najlepiej wyklucz pieczywo drożdżowe... albo chociaż ogranicz.

Potem – już na zawsze:

○ Uznaj za absolutną podstawę pożywienia sałatki, kasze, gotowany ryż (nieoczyszczony), kiełki, warzywa, owoce – najlepsze są te, które rosną u nas (co najmniej pięć rodzajów, w postaci surowej lub gotowanej) oraz ich świeżo wyciśnięte soki.

○ Ogranicz spożycie tłustych i smażonych potraw.

○ Zupełnie zrezygnuj z mleka, a jego przetwory ogranicz. Najlepiej zaś zastąp mleko krowie mlekiem kozim i jego przetworami!

○ Ryby i mięso ogranicz także.

○ Jajek możesz jeść, ile tylko chcesz! Wiem, że po latach walki z jajami (bo niby podnoszą cholesterol) brzmi to dziwnie – sama ciągle podchodzę do jaj nieufnie.

Rozdział 10

LUSTERECZKO, NIE KŁAM PRZECIE, KTO JEST NAJBRZYDSZY NA ŚWIECIE?!

W tym roku rozdanie Feliksów, czyli europejskich Oscarów, miało miejsce po raz pierwszy w Warszawie. (Co roku ta ceremonia odbywa się w innej stolicy Europy). Okazało się, że mimo zgromadzenia niesłychanej liczby gwiazd rodzimych i zagranicznych na jednym metrze kwadratowym (z Penélope Cruz i Pedro Almodóvarem na czele), mimo uroczej prowadzącej (Sophie Marceau) i błyskotliwego prowadzącego (Maciej Stuhr) impreza wlokła się beznadziejnie, nie sposób było utrzymać uwagi przez tych ładnych parę godzin, a i kondycja fizyczna siadała – w trakcie niektóre panie wychodziły do toalety... Siedzieliśmy w drugim rzędzie stolików, za nami tych rzędów było jeszcze z dziesięć, więc panie siedzące z przodu miały pewien kłopot z przedefilowaniem przed resztą znakomitych gości w wiadomym celu, czyli do toalety. Przeważnie wymykały się do łazienki chyłkiem, skulone, między stolikami – chciały się stać niewidzialne. Stopień przyczajenia był różny – od „trzeba się zachować kulturalnie i nikomu nie przeszkadzać w patrzeniu na scenę", po chodzenie kanałami... pełne dodatkowego zażenowania, że „wszyscy wiedzą, dokąd i po co idę". Tylko Magda Cielecka wstała wyprostowana jak świeczka, pewna swej klasy, pewna swej urody, olśniewająca w sukni z odkrytymi plecami i z nienagannym makijażem. I tak przemaszerowała z wysoko uniesioną głową, zmuszając nas wszystkich do podziwiania każdego szczegółu swej postaci.

Tamte przemykające chyłkiem panie wcale nie wyglądały gorzej. Tak samo jak Magda były odstawione od stóp do głów. Ale istniała między nimi wielka różnica. Tkwiła w... głowie.. To tak ważny temat, że jeszcze wiele razy będę do niego wracać. O co bowiem chodzi? Na pewno nie o brak ogłady... lecz o niedobór wyobraźni: o to, że łatwo przewidzieć, iż dama, która się podejrzanie skrada na imprezie publicznej, bardziej przykuwa uwagę i zakłóca innym odbiór wydarzeń na scenie niż wówczas, gdy wykonuje naturalne, pełne godności wyjście. (A przemykanie się z dupskiem do góry jest z natury rzeczy karykaturalne). Okazało się, że tylko Cielecka intuicyjnie wie to, co ja zrozumiałam po latach przemykania się pod ścianą: nic nie zaszkodzi, jeżeli wszyscy mimochodem dostrzegą, że jest zjawiskowa.

Oto poczucie własnej wartości! Uczcie się, dziewczyny!

Kiedy kończyłam studia w Akademii Teatralnej (wtedy PWST), uroda w moim zawodzie wcale nie była atutem. Odwrotnie, panował stereotyp: „jak ładna, to na pewno nie ma talentu".

10.02.-16.02.2006

Popularny magazyn telewizyjny

1,80 zł
w tym 7% VAT

ISSN 1230-792

Nr indeksu 378364   wyd. B

TeleTydzień

Nr 6   6 lutego 2006

Aneta Zając
Mikołaj
Krawczyk s. 60
Połączyła ich
PIERWSZA MIŁOŚĆ

Maciej Zakościelny s. 17
Na życzenie Czytelników

Gra
Wolsz
Rewelacyj
w k
JA WAM P
s.

XX Zimowe
Igrzyska Olimpijskie
Turyn
2006

**Nasz
przewodnik
po olimpiadzie**
s. 8-13 i 92

99

osiemnastolatka

Dopiero gdy kapitalizm wprowadził gospodarkę rynkową, wszystko, nawet sztuka, nawet aktor stali się produktem i wtedy okazało się, że widz woli patrzeć na piękne kobiety i przystojnych mężczyzn (też niesprawiedliwe, prawda?).

Tymczasem uroda wcale nie jest sprawą oczywistą i bezdyskusyjną. Zawsze ma podłoże… psychologiczne: piękna kobieta to taka, która czuje się atrakcyjna. Bo na nic idealne proporcje, jeżeli pani jest przeświadczona, iż jest brzydka – zgarbiona, ubrana w nieforemne ciuchy, oczy wbite w podłogę… Sama bardzo długo nie przyjmowałam do wiadomości swojej urody. W żywe oczy kłamało mi lustro, przed którym stawałam, zakompleksiona sierotka Marysia!

Pogodzenie się ze sobą, ze swoją fizycznością zajęło mi kawał życia: to poniekąd tragiczne, tak bardzo przypomina wyważanie otwartych drzwi.

Czasem aż przepraszałam za to, że żyję. Nawet jak prowadziłam konia za uzdę ze stajni na padok i nadepnęłam mu na kopyto, to natychmiast mówiłam: „Oj, kochany, bardzo cię przepraszam!". Czy mogę mieć do niego pretensje, że mnie ignorował?

Za nic nie chciałabym mieć znów osiemnastu lat. Mój stopień niezadowolenia z życia i z siebie był wówczas monstrualny: nawet rozumiem anorektyczki, które nienawidzą swojego ciała i mają totalnie zaburzone postrzeganie swej figury… Ich lustro im kłamie, że są obrzydliwie grube.

Zachował się tylko jeden zeszyt z całej serii moich pamiętników. Ten najostatniejszy z sześciu, z okresu wczesnej nastolatki. Przytoczę próbkę, ponieważ stanowi znakomite świadectwo kompleksów, jakie ciążyły nade mną jeszcze przez lata! „7 marca 1973, wtorek. Jestem brzydka, okropna jestem, jestem potworna!!! Stwierdziłam, że Iza jest o wiele ładniejsza ode mnie. Jestem brzydka głównie przez wstrętne pryszcze, ale nie tylko, bo w ogóle zbrzydłam ostatnio. To mnie napełnia czarnymi myślami, poza tym mam wrażenie, że Rysiek coraz bardziej «wysuwa mi się z rąk». Nie cierpię swojej gęby!".

Kim byli Iza i Rysiek i jak oboje mi namieszali w życiorysie, opowiem za chwilę. Na razie zauważę, że ze zdjęć z mej młodości patrzy na mnie zupełnie niczego sobie „gęba". Nawet nos, ten nos, który w końcu, po latach cierpień, przed trzydziestką został poprawiony – wcale nie wygląda tragicznie. Aha, tego nie mogę być pewna, bo wszystkie zdjęcia z profilu darłam od razu! Mój nos miał garb u nasady; żebyś Ty wiedziała, jakie przeżywałam katusze, kiedy musiałam siedzieć bokiem do chłopaka, który akurat mi się podobał! A jakież było moje zdumienie, kiedy biegałam z nowym już nosem po znajomych: „No i co, jak wyglądam?". „No jak? Normalnie!". „No, ale przyjrzyj się! Nie widzisz żadnej zmiany?". Okręcałam się na wszystkie strony, żeby im pomóc odkryć tę niesłychaną różnicę. Nikt nic nie zauważył! Ani jedna osoba nie domyśliła się powodu mojej ekscytacji! Musiałam pokazywać palcem i tłumaczyć, było tak, a jest tak. Wyobrażasz sobie?

Dlatego uszu, z których też byłam wielce niezadowolona, nie ruszałam. I po latach już mi nie przeszkadzają!

Nos nosem, uszy uszami, ale ja cała – w szczegółach i w całości – uważałam się za koszmar. A więc na przykład – nigdy nie nosiłam bluzek z odsłoniętymi ramionami, aby nie obnażać „swoich kościstych, przerażająco chudych, nieapetycznych ramion". Rękawy, choćby najkrótsze, były obowiązkowe. Aż pewnego pięknego dnia zobaczyłam w jakimś czasopiśmie zdjęcie modelki (zagranicznej!) o figurze toczka w toczkę takiej jak moja. Rany, ona nie wstydzi się pokazywać tych tak nieestetycznych kształtów? Nie tylko się nie wstydzi, ale jeszcze przekonała agentów, projektantów, fotografów, że jest piękna! Przyjrzałam się raz jeszcze, bezstronnie, no tak, ona jest po prostu piękna! Może nie tak klasycznie, może trochę inaczej, ale jest! I nagle, pstryk! – coś mi się przekręciło w głowie. Spojrzałam na siebie zupełnie inaczej. Czego i Tobie z całego serca życzę!

Ta operacja nosa była także inwestycją w mój warsztat pracy. Bo do Poznania, gdzie wówczas mieszkałam, przyjechał, specjalnie dla mnie, specjalnie by mnie zaangażować, Zbigniew Kuźmiński, który za parę tygodni miał rozpocząć zdjęcia do fabuły i do serialu „Nad Niemnem". Zapytał, czy nie byłby to dla mnie problem, gdybym (na koszt filmu) zrobiła operację plastyczną. „Pani nos z profilu nadaje pani niepotrzebnej ostrości, a moja bohaterka jest łagodna". Nie, nie był to żaden problem, przecież sama od lat o tym myślałam. Problem był gdzie indziej; mój teatr wyjeżdżał dokładnie w tym samym czasie, kiedy zaczynały się zdjęcia, na teatralne festiwale do Londynu i Edynburga. A takie to były czasy, że teatr dla aktora był najważniejszy w świecie! Odmówiłam tej głównej roli w filmie, dalej więc byłam sobie anonimową aktorką, znaną kilkunastu teatromanom w Poznaniu.

⊃ OPERACJE PLASTYCZNE

Operacje plastyczne zmieniły już urodę, proporcje ciała (oraz perspektywy) milionów kobiet. Ale chirurgia naprawdę nie jest dla każdej! Nie każda skóra się goi bez zbliznowaceń. Mogą wystąpić komplikacje, na które nie zawsze znajdzie się lekarstwo oraz pieniądze (bo za naprawę komplikacji także sama zapłacisz). Spójrz na Hannę Bakułę, zobacz, jak bardzo chciałaby cofnąć czas: być sobą sprzed operacji, podczas której zarażono ją gronkowcem.

Ostrzegam, znajomy kosmetolog twierdzi, że na przykład nigdy nie widział dobrze zrobionego zabiegu odsysania tłuszczu. Po liposukcji ZAWSZE są jakieś nierówności – i ponowny przyrost wagi oznacza... nieproporcjonalność. Niekiedy tak karykaturalną, że nie da się jej zatuszować nawet ubraniem. Bez ubrania zaś... nikomu nie sposób się pokazać, A już na pewno nie temu facetowi, dla którego chcesz być piękna...

Jeżeli jednak już się zdecydowałaś na operację – i nie widzisz innej drogi – przeczytaj, co powiedział Julio Iglesias, ojciec Enrique'a, który kilka lat temu naciągnął sobie linię szczęki:

„To najgorsza rzecz, jaką zrobiłem w życiu. Myślę, że operacja plastyczna to coś, co trzeba wykonać bardzo prawidłowo, bardzo delikatnie, bo można sobie zmienić wyraz twarzy. Gdybyście mnie spytali, czy zrobiłbym ponownie operację, powiedziałbym, że tak – zrobiłbym, ale z lepszym chirurgiem".

I już jesteśmy w domu: zanim zdecydujesz się na operację, sprawdź, czy wybrany lekarz należy do stowarzyszeń chirurgów plastyków – i jaką ma tam opinię! Dotrzyj również, w miarę możliwości, do poprzednich pacjentek doktora, to ważne, by były zadowolone. Pochodź też po Internecie: na forum poświęconym takim operacjom kobiety podają nazwiska lekarzy, którzy im pomogli – i którzy zaszkodzili.

Zostałam matką chrzestną jednego liftingu i jednego nosa. Gdy jedna pani znienawidziła siebie przez swój podbródek, który dowodził prawa ciążenia – dałam jej telefon do mojego lekarza. A o nos wręcz zapytałam koleżankę aktorkę, czy jej nie przeszkadza. Koleżanka najpierw się żachnęła, ale po chwili przyznała mi rację; od paru lat jej twarz też nabrała łagodniejszych rysów, zrobiła się, mówiąc wprost, ładniejsza!

Jak więc widzisz, namawiam, ale i odradzam. Bo wychodzę z założenia, że to, co spędza Ci sen z powiek, należy zmienić. Jeśli się da. Ale domagam się potrójnego rozważenia, czy korekcja naprawdę wymaga aż tak głębokiej ingerencji – skoro nie brakuje mało inwazyjnych rozwiązań kosmetycznych. Żebyś wiedziała, ile można zatuszować czy poprawić odpowiednio zastosowanym makijażem!

Dlaczego tak późno się wzięłam za swoje krzywe zęby? Po prostu nie wyobrażałam sobie, bym mogła z drutami na zębach uprawiać mój zawód. Ale dolne zęby miałam już tak pokrzywione, że coraz mocniej wypychały mi górną jedynkę. Ta z kolei tak czasem rzucała cień na sąsiednią dwójkę, że wyglądałam szczerbato. Nie w życiu, w kamerze. Kiedy zdecydowałam się wziąć udział w telenoweli, pomyślałam, że taka okazja już się nie powtórzy; gramy zwykłe życie, w którym aparat ortodontyczny świetnie się mieści. Okazało się jednak, że jeszcze dwie aktorki „Na Wspólnej" wpadły na ten sam pomysł. Aparat mojej serialowej córki Matyldy Damięckiej został wpisany do scenariusza, Ewa Gawryluk usunęła już jakieś przeszkadzające zęby i nie mogła czekać, no i czekać musiałam ja. Doczekałam do wakacji, a kiedy znowu zaczęły się zdjęcia, aparat ukrywałam. Było to tym łatwiejsze, że moja bohaterka Basia przeżywała kryzys za kryzysem, całymi tygodniami tylko płakała. A przy płaczu zębów raczej się nie odsłania. Te krzywe dolne zęby to była pamiątka po jedynej chyba w moim życiu chwili śmiertelnego zagrożenia. Pod koniec liceum, na pierwszej szkolnej wycieczce, na którą mama zdecydowała się mnie wypuścić, w autokarze jadącym z Morskiego Oka wysiadły hamulce. Szczęśliwie uderzyliśmy w drzewo, tuż obok przepaści. Kiedy autokar uderzał w drzewo,

ja uderzyłam żuchwą w barierkę, w wyniku czego wszystkie dolne zęby mi się ruszały. Socjalizm był epoką niesłychanie praktyczną i lekceważył kwestie estetyczne. Gdyby ktoś wówczas przypuszczał, że będę aktorką, może czulej by się zajął moją biedną szczęką. Tymczasem diagnoza na chirurgii szczękowej gdańskiej Akademii Medycznej brzmiała: zęby na razie żywe, trzeba czekać; albo wypadną, albo nie. Nie wypadły, ale zastygły, każdy w inną stronę.

Popiersie, czyli jak się nie garbić?

Wada postawy dopadła Cię w nastoletnim wieku?! Nagle z przodu coś Ci wyrosło... albo właśnie nie wyrosło nic – lecz oba stany rzeczy wymagały zatajenia przed światem?!

Obecnie ten garb wciąż odzwierciedla Twoją niepewność siebie. W tym – niezadowolenie z biustu. Powtarzam: nie ma co cierpieć. Albo coś zmień (idź do chirurga, kup biustonosz push-up czy go wypchaj specjalnymi wkładkami), albo je polub, jakie są. Pokochaj je.

Obwód w klatce i jędrność piersi to kwestia subiektywna. Najbardziej liczy się nastawienie do nich.

W dzieciństwie na pewno byłaś bardziej płaska. Tuż po porodzie miałaś zaś rozdęte mlekiem (i obolałe) wymiona. A teraz jesteś w sam raz, prawda? Co zaś do jędrności...
W objęciach twojego mężczyzny dotyk tych piersi na pewno się sprawdza: robią swoje, bez względu na kształt.

Może da Ci też do myślenia sonda, jaką zrobiłam na potrzeby tej książki. Mianowicie zapytałam kolegów, jakie biusty lubią u kobiet. Piotr Gąsowski po krótkim namyśle: „Rozmiar jest obojętny – najważniejsza jest wrażliwość na moje pieszczoty i pocałunki" (Hania Śleszyńska śmieje się, że łże, bo zawsze marzył o kobiecie z ogromnym biustem). A Czarek Żak, nawet nie pytając, po co mi takie informacje: „Im mniejszy biust, tym bardziej seksowny, tym bardziej mnie kręci...". W trakcie zaś przyszedł esemes od Rafała Cieszyńskiego: „Najpiękniejsze są piersi mojej dziewczyny – i zaznaczam, że nie są małe!". A wybitny operator filmowy, pragnący zachować anonimowość, mówi, że piersi muszą lekko obwisać, a biodra i uda... no... po prostu... żeby było za co złapać! Mój Cezary zaś twierdzi, że my, kobiety, nie mamy zielonego pojęcia o męskich gustach... Jakkolwiek by na to patrzeć, każda znajdzie swego amatora... Pod warunkiem oczywiście, że wierzy, że jest piękna. Wtedy wierzą w to wszyscy, z facetami na czele.

PAMIĘTAJ! WCALE NIE LICZY SIĘ TO, CO MASZ... NIGDY!
LICZY SIĘ TO, CO UWAŻASZ, ŻE MASZ (I CO IM WMÓWISZ, ŻE MASZ).
WIĘC DUMNIE DO PRZODU – POPIERSIE NA MEDAL!

Pewność siebie to fundamentalny składnik seksapilu! (Reszta tego magnesu jest poza definicją. Na pewno znasz takie kobiety, z którymi mężczyźni chcą się od razu żenić, i takie, za którymi ganiają, ale tylko po to, by je dopaść). Popatrz krytycznie na współczesne aktorki i modelki, jeśli mi nie wierzysz. Zobacz, jak myszowata Kate Moss o wyraźnie asymetrycznej twarzy zadziera nosa do góry!

I zrozum: mija czas glamour, czas słodkich, nieskazitelnych piękności. Teraz króluje osobowość (tylko kult młodości jeszcze trwa... ale może i on minie – kurczę, żebyśmy tylko dożyły!). Kobiety uważane za królowe urody i stylu są nieraz wręcz brzydkie, ale mają w sobie to coś, coś fascynującego. Uroda zupełnie nie jest już jednoznaczna, wcale nie polega na idealnych proporcjach twarzy i ciała, jakie w naturze nie zdarzają się prawie nigdy (ach, te uroczo krzywe nogi większości modelek!).

Dlatego dzisiaj wzywam Cię, byś przestała rozpamiętywać w kółko swoje (domniemane) niedoskonałości – i uwierz, że wiem, co mówię. To nie ma sensu. Prawdopodobieństwo, że jesteś naprawdę i obiektywnie brzydka, jest nikłe. Zresztą, bez względu na fizyczne fakty – biadolenie nie ma sensu: jeśli jesteś niezadowolona ze swojej urody, to działaj! – zmień ten stan rzeczy, z którego nie jesteś zadowolona. Metod i możliwości nie brakuje...

Ale z głową, kochana – z głową. Na co nam jeszcze jedna Barbie?!

Jak wykreować swoją figurę?

Oszczędzaj, na czym chcesz, lecz nie na bieliźnie i butach.

⊃ BIUSTONOSZ

Przede wszystkim zainwestuj w swój dubeltowy skarb: klatkę piersiową.

Lekceważąc bieliznę, lekceważysz (niechcący) siebie. Dobra bielizna:

⊃ Sam na sam przypomina Ci – i utwierdza Cię – w przekonaniu o własnej atrakcyjności.

⊃ Nawet ukryta pod ubraniem, to właśnie ona kreuje Twój seksowny wizerunek publiczny (a co dopiero, gdy zgodnie z modą coś Ci wystaje lub prześwituje)!

⊃ Może wymodelować, skorygować Ci sylwetkę.

Kochanie, doskonałe ciało nie istnieje! Lecz dzięki temu, co masz pod spodem, możesz się zbliżyć do ideału. Ująć (lub dodać) centymetrów na kilka sposobów. Pamiętaj o istnieniu bielizny obciskającej. Ona może spłaszczyć rozrośnięte partie w try miga! O Santa Madonna, pomyśl: rajstopy podniosą obwisłą pupę, majtki ściągną brzuch, halka obciskająca zrobi swoje dla ud! Wiwat XXI wiek!

⊃ BIELIŹNIANY DEKALOG

⊃ Wybieraj bieliznę znanej, sprawdzonej marki, dobrej jakości – wtedy nie zdeformuje się i nie zniszczy. Tania bielizna szybko się pruje, lecą oczka, ramiączka wyciągają się i tracą elastyczność, miseczki zaś zmieniają kształt – co sprawia, że bielizna deformuje biust.

⊃ Przed zakupem zawsze przymierz bieliznę (nie tylko biustonosz, lecz także majteczki – włóż je po prostu w przymierzalni na swoje własne). W przeciwnym razie może się okazać, że ładnie wyglądała na wieszaku, ale nie na Tobie.

⊃ Biustonosz musi być odpowiednio dopasowany. Dotyczy to nie tylko obwodu pod biustem, lecz także miseczki. Pamiętaj, sylwetka zmienia się z wiekiem. Wiele z nas o tym zapomina. Wyobraź sobie, jak musi się gimnastykować sprzedawczyni, która zwykle proszona o stanik w rozmiarze 75B, przemyca do przymierzalni 90C, udając, że nie widzi różnicy. Bo uroczej skądinąd pięćdziesięciolatce wydaje się, że ma nadal ten sam rozmiar, co trzydzieści lat wcześniej.

⊃ Biustonosze kupuj w specjalistycznym sklepie (o ile to możliwe). Tam jest dostępna pełna rozmiarówka, oferta modeli jest szersza i ciekawsza, a także możesz skorzystać z porad doświadczonej sprzedawczyni. Hiper- i supermarkety oraz sklepy, w których bielizna jest tylko dodatkiem, oferują małą liczbę rozmiarów. Także sklepy, w których biustonosze mają numerację od 1 do 4 czy 5, proponują tylko kilka rozmiarów. Wówczas jedynce odpowiada rozmiar 70A, dwójce 75B, trójce 80C itd. A co, jeśli potrzebujesz biustonosza w rozmiarze 85A? W takim sklepie z pewnością go nie znajdziesz.

⊃ Żadna część bielizny nie powinna być ani za mała, ani za duża. Zasada ta dotyczy zarówno majtek, jak body czy topu. Po pierwsze dlatego, że źle się w niej będziesz prezentować. Po drugie ze względu na dyskomfort: za ciasne majteczki będą się wpijać, uciskać, ocierać, a w najgorszym razie spowodują nadżerkę. Za luźne nie wyglądają dobrze, poza tym nie chcesz chyba, by spadły w nieoczekiwanym momencie?

⊃ Kobiety z małym biustem w rozmiarze miseczki A lub B powinny wybierać biustonosze z usztywnianą miseczką. Doskonale sprawdzi się push-up z poduszeczkami lub bez. Jest to krój biustonosza zbierający fiszbinem piersi z boku i unoszący je ku górze. Dzięki temu uzyskasz efekt okrągłych jabłuszek.

⊃ Seksbomby z dużym biustem lepiej prezentują się w miękkich biustonoszach (typu bardotka) lub bardziej zabudowanych. Zazwyczaj wielkość biustu odpowiada sylwetce (tęższe osoby mają naturalnie większy biust). Nie ma sensu ukrywanie dużego biustu, raczej zrób z niego atut, odpowiednio go eksponując.

⊃ Jeśli potrzebujesz bielizny sportowej, przy jej wyborze kieruj się głównie komfortem, a mniej wyglądem. Zwróć uwagę na rodzaj tkaniny. Najlepsze są oddychające i niezatrzymujące wilgoci, na przykład lyocell czy modal. Wyparły one bawełnę, która nie jest elastyczna, szybko się niszczy, deformuje, a w dodatku zatrzymuje wilgoć, powodując uczucie zimna.

⊃ Do sukien czy bluzek bez rękawów lub z dużym dekoltem na plecach potrzebny będzie biustonosz z odpinanymi ramiączkami lub wielopozycyjny, w którym możesz zmieniać ułożenie ramiączek, krzyżując je na plecach lub przypinając jedno ramiączko przełożone przez kark. Ponieważ tego rodzaju biustonosza potrzebujesz tylko na specjalne okazje, najlepiej żeby był w kolorze cielistym. Będzie pasować do ubrania każdego koloru.

⊃ Warto mieć przynajmniej kilka biustonoszy w różnych kolorach i modelach, aby często je zmieniać, dobierając do ubrania. Będą dłużej służyły (tak jak buty). Ze względów higienicznych nie powinno się nosić biustonosza dłużej niż przez dwa dni. Dlatego do każdego stanika dobrze jest mieć przynajmniej dwie pary majtek. Biustonosz powinno się prać ręcznie, w delikatnym płynie. W pralce może się zdefasonować i zniszczyć. Zwłaszcza dotyczy to miseczek usztywnianych i push-upów. Zdeformowanej w pralce miseczce nie uda Ci się przywrócić pierwotnego kształtu. Taki stanik możesz wyrzucić do śmieci. Jeżeli upierasz się koniecznie, by prać bieliznę w pralce, zawsze wkładaj ją do osobnego woreczka i zwróć uwagę na temperaturę prania (nie za wysoka), środki piorące (zbyt silne mogą uszkodzić materiał) oraz kolory ubrań, jakie wkładasz bieliźnie do towarzystwa w pralce (mogą zafarbować).

z Anną Muchą, kolejny pokaz mody

Rozdział 11

BABSKI WIECZOREK PSYCHOTERAPEUTYCZNY

Przyjaciel to człowiek, do którego można zadzwonić po nocy. Sama nie śmiem ludzi napastować po 22. Przyjaciół po 24. Lecz zdarza się, że mój telefon dzwoni dużo później. Nieraz seryjnie. Cierpliwie wysłuchuję, coś tam radzę... no, chyba że to pijackie bełkoty, bo i takie się zdarzają. Wtedy po pierwszym telefonie wyłączam komórkę, wiadomo, że zaraz zadzwoni – jedna rozmowa nigdy nie załatwia sprawy. Nie daję się ukrzyżować.

Zauważyłam taki mechanizm: w obliczu nieszczęścia ludzie są pełni współczucia, ale do czasu. Wolą słuchać dobrych wiadomości zamiast złych i mają małą odporność na problemy innych. Kiedy więc kończy im się wytrzymałość – uciekają do własnych spraw. Nie są w stanie długo znosić cudzego cierpienia. Powiem Ci szczerze, ze mną jest tak samo. Nie będę udawać, że mam kwalifikacje na dobrego samarytanina.

Dowiedziałam się tego, gdy rozchorowała się moja przyjaciółka – a ja się z wielką przykrością przekonałam, że nie jestem zdolna do towarzyszenia jej w cierpieniu co krok. To był dramat psychiatryczny, koszmarna wielomiesięczna depresja. I co?! Najpierw codziennie jeździłam do chorej do szpitala, gdzie się desantowała na własną prośbę. Potem jeździłam dwa razy w tygodniu, wreszcie mnie zaczął oblewać zimny pot na samą myśl, że dzisiaj mam u niej wizytę...

Każda rozmowa z nią była identyczna, każde spotkanie miało ten sam scenariusz. Jakbym słuchała zdartej płyty. Odczuwałam tak straszną bezsilność na sam widok szpitala, że zęby mnie bolą na samo wspomnienie. Wiedziałam, że moje wizyty urozmaicają szpitalną beznadzieję, ale tak naprawdę nie mogłam pomóc. Pozostawały komunały; „będzie lepiej", mówiłam. A całą moją życzliwość, lojalność i miłość do przyjaciółki można było potłuc o kant grzywki, ponieważ ratunek dla jej zszarpanej duszy tkwił w niej i farmaceutykach (lekarz prowadzący mówił, że odwrotnie, że leki najważniejsze), a nie we mnie. I pomału, pomału zaczęłam coraz rzadziej chodzić do szpitala.

Faktycznie, wstała sama. Najpierw zaczęła łamać regulamin: wymykać się ze szpitalnego ogrodu do własnego domu chociaż na godzinkę... Potem brała przepustki, aż wreszcie doszła sama ze sobą do porozumienia. I dopiero wtedy stałam się dla niej prawdziwie, głęboko użyteczna. Przez to przykre doświadczenie zrozumiałam zaś, że w każdym z nas mieszka niesamowita siła, która potrafi się wydźwignąć z najgłębszego dna. Na ludzi zaś można liczyć tylko do czasu (a terminu, w którym ich wytrzymałość osiągnie punkt krytyczny, nie można z góry ocenić). Dlatego radzę Ci: nie nadużywaj drugiego człowieka. To pięknie,

z Martą Kielczyk i Kasią Żak
na zakupach w Solarze

że masz przyjaciół, że nie jesteś sama, że w potrzebie zadzwonisz i Ci pomogą. Ale dzwoń tylko w ostateczności!

Znajome chodzą na psychoterapię. Aktorzy psychoterapię mają na co dzień, mogą, a raczej muszą się wpędzać w niecodzienne stany psychiczne, ale muszą też umieć stamtąd wrócić, i to szybko! Czy dzięki temu wśród aktorów jest mniej świrów niż statystycznie? Nie wiem. Na pewno aktorowi łatwiej mówić o sobie. Mało tego, on to uwielbia robić! W końcu jego zawód polega na skupianiu cudzej uwagi na sobie; „wszystkie światła na mnie!", zdaje się krzyczeć każdy aktor, nawet (zwłaszcza) ten z drugiego rzędu! Ale taka Renata Dancewicz powiedziała kiedyś: „Przecież ja nienawidzę, jak na mnie patrzą! Coś mi się zdaje, że wybrałam zły zawód". A wyznanie to uczyniła tuż przed wyjściem na scenę! Innym razem: „Ech, gdybym mogła, zaszyłabym się w małym miasteczku. Pracowałabym sobie w ciszy i spokoju w bibliotece miejskiej! Miałabym tyle czasu na czytanie! Gdyby tylko płacili mi tyle co teraz!". Jak widać, aktorów też nie da się wrzucić do jednego worka. Tak rozmarzyła się Renata na jednym z ostatnich spotkań w kobiecym gronie. Babskie wieczorki! Polecam Ci z całego serca! Dla kobiety nie ma jak bezpośredni kontakt od razu z całą gromadką kobiet. To taka impreza, na której wszystkie uczestniczki naraz zrzucają z ramion swój ciężar – ale też i dzielą się radościami – wszystkie naraz jakby dają coś światu i od świata biorą.

z Joanną Szczepkowską

Niby nic: kobietki piją pyszne drinki, wino, podjadają smaczne rzeczy i rozmawiają o facetach, można się chichrać, ale płakać też... I kółko jest mocno psychoterapeutyczne, bo jest bezpiecznie – żadna nie musi stroszyć piórek, wciągać brzucha i udawać „co to nie ja", lecz swobodnie przeglądać się w oczach innych pań jak w lustrze. A w tym lustrze widać, że mniej ważne, jak kobieta tapetuje się z zewnątrz niż to, jak jest zadbana i czym wytapetowana, „nakarmiona" od wewnątrz.

Taki babski wieczorek raz na jakiś czas to naprawdę warta każde pieniądze atmosferka, lekko pijacka pod koniec, lecz pouczająca, w której – co za traf! – w każdej sprawie da się postawić rzetelną diagnozę. Polecam! Stadko dobrych koleżanek natychmiast przywróci delikwentkę do pionu, nie cackając się jednak z nią za bardzo. A jak nasłuchasz się wtedy plotek – czyli opowieści o dramatycznych przypadkach z życia innych – to później, już sam na sam ze sobą, w chwili nagłego stresu będziesz mogła liczyć na własny zdrowy rozsądek: bo świat odzyska proporcje.

Nawiasem mówiąc, ja w rzadkich chwilach paniki mam własny sposób wracania do pionu. Kiedyś trafiłam z całą ekipą „Na Wspólnej" na onkologię Centrum Zdrowia Dziecka. Moja bohaterka Basia miała ciężko chore dziecko. O wyborze tego właśnie oddziału na plan zdjęciowy zadecydował niedawny remont, wszystko było w ślicznych pastelowych kolorach, a telenowela potrzebuje, żeby wkoło było ładnie. Teraz wyobraź sobie taką sytuację – tutaj ja gram rozpacz, rozdzierającą scenę z dzieckiem ucharakteryzowanym na chore, gdy zza windy wychodzą ludzie, którzy nie grają... Ich dzieciom naprawdę zagraża śmierć. Ale to ich uciszają! Ich przeganiają, żeby nam nie przeszkadzali w pracy. To było traumatyczne przeżycie. Zawsze, kiedy coś w moim życiu idzie nie tak, kiedy już, już mam zacząć użalać się nad sobą i uznać, że jestem głęboko nieszczęśliwa, przypominam sobie to miejsce. I wtedy, obrzuciwszy się paroma siarczystymi obelgami, zaczynam swój problem widzieć we właściwym świetle, bo przecież wszystko, co nie jest chorobą lub śmiercią, to tylko drobne przeszkody. Do rozwiązania!

Czasami przemycam te swoje „mądrości" podczas babskich wieczorków. Również staram się przebić z kolejną prawdą: że faceci odchodzą – i czasami nic na to nie można poradzić. Tylko że taka sytuacja nie musi być wcale końcem świata. Może się stać początkiem nowego, lepszego życia. Ale czasem też siedzę cicho, bo wiem, że takie gadanie do kogoś, komu właśnie świat się zawalił, jest czystą abstrakcją.

Podczas takich właśnie wieczorków namówiłam też kilka koleżanek do tego, żeby „wyszły z domu", zrezygnowały z etatu gospodyni domowej. I teraz z wielką radością obserwuję, jak posłuchanie mojej rady nie tylko tym kobietom, lecz także ich małżeństwom wyszło na dobre. (To moja kolejna idée-fixe i coś w rodzaju misji do spełnienia. Twierdzę z całą stanowczością, że na zmiany nigdy nie jest za późno. Że zamiast męczyć się w nielubianej pracy, dusić u boku niewłaściwego faceta czy mieszkać pod niechcianym adresem – należy zmienić pracę, faceta czy dom. Zamiast biadolić, że życie nie wychodzi, każdy ma obowiązek dokonać zmian w swoim otoczeniu. Albo w sobie! Wiem, co mówię: na zmiany zawsze jest dobry czas!

Don Gabor – ekspert w dziedzinie komunikacji – tak pisze o prowadzonych przez siebie zajęciach: „Czekam, aż wszyscy znajdą się na swoich miejscach i rozsiądą wygodnie. Potem mówię, żeby wzięli rzeczy i przesiedli się na inne miejsca, przy innych stołach. Gdybyście mogli usłyszeć te westchnienia, jęki i narzekania oraz zobaczyć wrogie, kierowane ku mnie spojrzenia! Jednakże po kilku chwilach większość osób wstaje ze swoich miejsc, by udać się na inne. Wtedy mówię: «Nie, nie! Możecie zostać tam, gdzie jesteście». Wszyscy opadają na krzesła z westchnieniem ogromnej ulgi. (...) «Skoro niewielka zmiana, jaką jest zamiana krzeseł w niewielkim pomieszczeniu, wywołuje u was taki niepokój, to co czujecie w obliczu wielkiej zmiany?». Większość z nas pragnie osiągnąć sukces w życiu osobistym i zawodowym, ale często okazujemy się niezdolni do przeprowadzenia zmian, których wymaga osiągnięcie wymarzonych celów. Powód jest prosty. Przeprowadzenie dużych zmian w życiu budzi lęk i często jest bardzo trudne. Tajemnica spełniania marzeń polega na stawianiu małych, dobrze zaplanowanych kroków ze świadomością dążenia do większego, z góry wytyczonego celu".

Ale tylko wtedy, kiedy będziesz wiedziała, co chcesz osiągnąć, możesz zacząć działać. Zdefiniuj swoje długoterminowe cele tak precyzyjnie, jak tylko zdołasz. Bądź konkretna. Zadaj sobie pytanie: Co chcę osiągnąć? Oto kilka przykładów:

- Chcę w ciągu sześciu miesięcy otrzymać satysfakcjonującą pracę w branży handlowej.
- Chcę na wiosnę przeprowadzić kapitalny remont kuchni.
- Chcę do wakacji zrzucić siedem kilo.
- Chcę czytać jedną książkę miesięcznie, by poszerzać moje rozumienie otaczającego świata.

Widzisz? Te cele mogą zmieniać całkowicie Twoje życie, mogą też je po prostu ulepszać. Ważne, byś wiedziała, czego chcesz!

Krąg przyjaciół mam szeroki. Ale – co zawsze mnie gnębi – nie pielęgnuję przyjaźni. Nie mam na to siły i czasu, więc większość moich znajomości zapewne jest powierzchowna. Jest jednak kilka osób, z którymi mogę się spotykać raz w roku, a jesteśmy jakby w tym samym miejscu – nasza łączność i zrozumienie się nie rozmywają. Spojrzenie tych osób na moje sprawy z dystansu jest nieprawdopodobnie cenne, a spotkanie z nimi zawsze rozwijające.

Najbardziej lubię proszone kolacyjki. Bo funkcja gospodyni to dla mnie ciężki stres. A i praca nad zorganizowaniem przyjęcia kosztuje mnie zbyt wiele nerwów, żebym mogła się nim w trakcie cieszyć. Wydaje mi się, że wszystko jest źle albo co najwyżej tak sobie. Rozumiesz więc, dlaczego wolę być gościem... Nie jestem wymagająca w sprawach związanych z jedzeniem, głodówka mi niestraszna, ale doprawdy doceniam wyrafinowaną kuchnię. Mogę więc zjeść byle co (lubię domowego mielonego), lecz uwielbiam grzankę z kawiorem z gęstą kwaśną śmietaną i lampką szampana, jak nas ostatnio karmiono od rana na przeglądzie polskich filmów w Petersburgu!

Na szczęście mnóstwo moich znajomych gotuje genialnie! W takie wieczory oczywiście odpuszczam sobie moje codzienne reguły jedzeniowe: bo trzeba czasem dać odpust najmądrzejszym nawet zasadom. I radować się życiem, cieszyć chwilą – dać jej się unieść, zamiast bilansować kalorie lub rozważać, jak długo coś będzie zalegać w żołądku! Pierwszym genialnym kucharzem, którego spotkałam, był Marek Łebkowski, mistrz kuchni oraz autor książek kucharskich. To u niego pierwszy raz w życiu jadłam wiele przysmaków, jak bouillabaisse; to marsylska zupa z resztek ryb (głównie łby) i owoców morza – mniam, mniam... I to za sprawą Marka pierwszy i jak dotąd ostatni raz w życiu jadłam trufle, grzy-

z Janem Fryczem, jego żoną Małgosią i Czarkiem

by na wagę złota, bodaj czy nie najrzadsze na świecie – na wakacjach w Prowansji. Polowanie na trufle zaczyna się o czwartej rano. Nie wstałam. Ale Łebkowski wstał – i poszedł z tubylcami oraz z psami. Tak więc nie wiem, jak się wykopuje trufle, natomiast wiem, jak smakują: dostałam je na śniadanie... Nazajutrz starczyło ich jeszcze na jajecznicę – to był już zaledwie ślad tej kulinarnej rozkoszy, którą zapamiętam do grobowej deski. (Trzeba było zobaczyć dzieci, które popróbowawszy dobrego – dostawały hyzia, żeby wyrwać jeszcze ciut!).

A takie przyjęcia „tematyczne"? Kiedyś Marek zarządził Black Party. Wszyscy się stawili ubrani na czarno, co już wprowadzało niezwykłą atmosferę, a do tego na stole wylądowały same czarne dania! Nie do końca udał się tylko deser – czarna na krzaku jeżyna po obróbce była bardziej fioletowa niż czarna, ale wiesz, jak smakowała?! A do tego gospodarz zrobił loterię fantową, na której można było wylosować czarne prezenty: od czarnej perły po czarną pastę do butów!...

113

Jak już wiadomo, w mojej kuchni rządzi Czarek, który „trzyma wagę", stosując Montignaca, co sprawia, że bazą jadłospisu jest zielenina. Ja zaś wkraczam do akcji rzadko, to znaczy kiedy Cezary wyjeżdża. Zawsze wtedy gotuję coś, czego przygotowanie nie zabiera więcej niż piętnaście minut. Są to więc makarony z sosami pomidorowymi, z cukinią lub brokułami, bazylią oraz oliwą. Czasem to tradycyjny schabowy, tyle że z indyka (wieprzowiny w ogóle nie jadamy). Ale najlepiej wychodzi mi soczewica z grzybami czy młoda kapusta według przepisu teściowej.

z Markiem
Łebkowskim

Niezbyt regularnie, bo też moja praca nie jest regularna, stosuję głodówki i kuracje oczyszczające, czym zaraziłam także Czarka. Filipa odstrasza związany z tym rygor, ale raz dał się namówić na jakąś łagodniejszą wersję. Głodówki spróbowałam po raz pierwszy jeszcze przed studiami, kiedy to spod skrzydeł Mamy wyrwałam się na wolność. Wolność była we Wrocławiu i charakteryzowała się tym, że nikt nie pilnował, o której wracam do domu, ani tego, o której i co jem. A co jem, było mi wszystko jedno, najczęściej jadłam więc chleb z dżemem, na drugie chleb z dżemem i chleb z dżemem… Zachłyśnięta tą wolnością i aktorskim środowiskiem, włóczyłam się po nocach, paliłam papierosy oraz gadałam o sztuce i ideach. Lecz ja do takiego nieregularnego, „artystycznego" trybu życia po prostu nie mam zdrowia; szybko je sobie zrujnowałam.

Kiedy wróciłam na wakacje do domu (trudno, przyznam się) z dwutygodniowym zaparciem, Mama zaprowadziła mnie do irydologa. A ten staruszek, stary jak Noe, zajrzał mi przez wielką lupę w oczy. I powiedział: „O!… Jelita! Wiszą jak na kołkach!". Po czym zalecił tygodniową głodówkę zdrowotną.

I tak zaczęłam głodować – z marszu! Pamiętam jak dziś; na śniadanie szklanka soku z marchwi, pół szklanki soku z buraków, pół szklanki z innych warzyw. Na obiad – wywar warzywny, około litra. Kolacja: to samo co na śniadanie. Niestety, mimo zaleceń, nie zwolniłam na ten czas trybu życia. Biegałam po mieście, spotykałam się z koleżankami, a było to na dodatek w czasie wielkiej wichury – na Bałtyku szalał sztorm. No i trzeciego dnia mojej głodówki nieźle się przeziębiłam. A czwartego dnia rano jedyny raz w życiu zemdlałam: walnęłam głową w ścianę tak, że natychmiast oprzytomniałam. Mama wystraszyła się i od razu zaczęła mnie karmić. Mimo niedokończenia kuracji moje dolegliwości minęły jak ręką odjął. Mało tego, nigdy w życiu się już nie powtórzyły. Także dlatego, że bardziej zaczęłam dbać o siebie.

A kiedy już odkryłam książki Michała Tombaka, jakieś parę lat temu, moja dieta stała się jeszcze bardziej radykalna, zaczęłam się stosować do wielu jego zaleceń. (Nie do wszystkich, aż takim mocarzem nie jestem!). I do jego kuracji oczyszczających też.

⟳ OCZYSZCZANIE ORGANIZMU

Organizm człowieka ma siedem systemów usuwania nadmiaru śluzu, substancji smolistych oraz wszelkich odkładających się, a niepotrzebnych substancji. Jeśli jeden z systemów zawiedzie – pomaga mu następny: tak więc jeżeli jelito grube i wątroba zawiodą, to włączy się system oczyszczania przez nos, oczy, skórę i płuca – oraz jest bardzo prawdopodobne, że przy tej okazji pojawi się egzema, alergia lub katar. W takiej sytuacji leczenie egzemy jest leczeniem tylko objawowym: leki na egzemę nie przyczynią się do usunięcia substancji, która spowodowała jej objawy, za to dodatkowo obciążą organizm. Dlatego już nasi przodkowie opracowali szereg metod wspomagających oczyszczanie i regularnie je stosowali.

Temat jest rozległy, oczyszczanie wymaga metodycznego podejścia, dlatego poniżej podam Ci tylko sposoby na oczyszczanie jelita grubego, czyli absolutną podstawę. Zabagnione jelito grube (i wątroba) jest przyczyną większości chorób. Szczegółowych informacji poszukaj u Tombaka lub w innych źródłach.

⟳ SPOSOBY OCZYSZCZANIA JELITA GRUBEGO

Warto zrobić lewatywę lub głębsze płukanie jelit (ale potem natychmiast trzeba odtworzyć wypłukaną naturalną mikroflorę). Na początek jednak spróbuj technik łagodnych.

Oczyszczanie kefirem (najlepiej kozim)

Stosować dwa razy w miesiącu

1. dzień – wypić 2,5 litra kefiru w 6 porcjach z sucharkami z czarnego pieczywa (i to wszystko!);

2. dzień – 1,5–2 litry świeżo wyciśniętego soku ze słodkich jabłek w 6 porcjach z sucharkami z czarnego pieczywa;

3. dzień – sałatki z gotowanych warzyw (marchew, buraki, ziemniaki – wolno dodać kiszone ogórki, kiszoną kapustę, cebulę, olej roślinny) plus sucharki z czarnego pieczywa

Oczyszczanie suszonymi owocami

Stosować raz na trzy miesiące.

W maszynce do mielenia zemleć 40 dag suszonych śliwek, 20 dag daktyli, 20 dag moreli i 20 dag fig. Do utartej masy dodać 20 dag miodu i wymieszać. Przechowywać w szklanym naczyniu w lodówce. Jeść wieczorem przed snem po jednej łyżce – do wyczerpania zapasu.

⟳ ELIKSIR MŁODOŚCI Z CZOSNKU

Recepta na nalewkę z czosnku jest tybetańska, spisano ją w IV–V wieku p.n.e. Zastosuj ją, jeśli chcesz: oczyścić organizm, poprawić przemianę materii, zapobiec zawałowi, miażdżycy, paraliżowi i nowotworom. Poprawia też wzrok i odmładza.

Uwaga! – to wyjątkowo intensywna kuracja: robisz ją JEDEN raz w roku.

Na nalewkę bierzesz czosnek z nowych zbiorów – 35 dag: rozcierasz, mieszasz z 200 ml czystego spirytusu, szczelnie zamykasz szklane naczynie, stawiasz na 10 dni w ciemnym i chłodnym miejscu (ale NIE w lodówce). Potem masę cedzisz i znów stawiasz słoik w ciemnym miejscu – a po czterech dniach zaczynasz zażywać nalewkę:

	Śniadanie	Obiad	Kolacja
1. dzień	1 kropla	2 krople	3 krople
2. dzień	4 krople	5 kropli	6 kropli
3. dzień	7 kropli	8 kropli	9 kropli
4. dzień	10 kropli	11 kropli	12 kropli
5. dzień	13 kropli	14 kropli	15 kropli
6. dzień	15 kropli	16 kropli	17 kropli
7. dzień	18 kropli	19 kropli	20 kropli
8. dzień	21 kropli	22 krople	23 krople
9. dzień	24 krople	25 kropli	25 kropli

Dalej pijesz po 25 kropli 3 razy dziennie aż do skończenia nalewki.
Krople pijesz z 50 ml kwaśnego produktu mlecznego (kefir albo jogurt).
Zapach czosnku zlikwiduje natka pietruszki, jabłko albo skórka cytryny lub pomarańczy – zakąszasz tym po zażyciu nalewki.

⊃ KURACJA IMBIROWA

Starożytna kuracja imbirowa reguluje „ogień trawienny", który zdaniem Chińczyków płonie Ci w jelitach i przetwarza pokarm w energię do życia. Zalecana jest szczególnie osobom starszym. Ale wykluczona w przypadku pacjentów z zaburzeniami trawiennymi na tle chorób przewodu pokarmowego. Zatem jeżeli masz wrzody – daruj ją sobie, bo poważnie sobie zaszkodzisz. Niewskazana także dla nadciśnieniowców, bo imbir podnosi ciśnienie.
W trakcie tej kuracji jest ZABRONIONE jedzenie pokarmów o silnych właściwościach chłodzących (lodowata woda, lody, schłodzone napoje, mrożone owoce itp.).

W emaliowanym lub ceramicznym naczyniu utrzyj na jednolitą masę 4 łyżki stołowe sproszkowanego imbiru ze 100–150 g przetopionego masła. Naczynko przykryj i postaw w chłodnym miejscu.
Tę mieszankę jesz codziennie przed śniadaniem, które MUSI się składać z ciepłej herbaty ziołowej, ciepłych, lekko duszonych warzyw oraz kaszy na gorąco.

1. dzień	0,5 łyżeczki od herbaty	10. dzień
2. dzień	1 łyżeczka od herbaty	9. dzień
3. dzień	1,5 łyżeczki od herbaty	8. dzień
4. dzień	2 łyżeczki od herbaty	7. dzień
5. dzień	2,5 łyżeczki od herbaty	6. dzień

Głodówka to najbardziej radykalna metoda oczyszczania organizmu. I to całego, hurtem. Wymaga jednak żelaznej dyscypliny, hartu ducha i ciała, żeby nie poddać się przy pierwszych niewygodach i dolegliwościach związanych z jej przeprowadzaniem. Wymaga też czasu – tu widzę największy problem. Ale w końcu zdrowie najważniejsze! No i dla chcącego...

Pewnie się zastanawiasz, dlaczego wrzuciłam do jednego worka trufle, głodówki oraz babski wieczorek psychoterapeutyczny? Na oko to wygląda dość nieskładnie. Ale ma głęboki sens, zapewniam. Bo wiesz, moja droga: są rozmaite toksyny. I różne złogi toksyn. No i naprawdę nie wystarczy regularnie oczyszczać ciało z piasku, kamieni i cholesterolu, żeby poczuć się silną i zdrową... Musisz czasem oczyścić także i duszę ze złogów emocjonalnych. „Wypluć" z siebie żale, wyrzucić zbędne odpady psychicznego metabolizmu: te wszystkie drobne lęki i obawy, smutki i zmartwienia, nawet te najgłupsze i absurdalne, które czasem gryzą, a czasem tylko uwierają.

Nie wiem, co wolisz – wypłakać je z siebie, wyśmiać czy „wygadać"? – to już kwestia temperamentu. Ale tak czy siak, potrzeba Ci przyjaciółki lub garstki przyjaznych ludzi, w których towarzystwie możesz zdjąć maskę i być sobą chociaż przez jeden wieczór w roku. I nie dbaj wtedy o dietę, o nie!

A oto menu pewnego wyjątkowo udanego babskiego wieczorka, który zorganizowała Monika Okrasa. Nie ukrywała wcale, że ułożył je jej mąż – sam mistrz Karol Okrasa. Zaczynam od deseru:

Imbirowy crème brûlée z malinami
Składniki:
- 1 litr śmietanki 30%
- 12 żółtek
- 50 g świeżego imbiru
- 4 łyżki cukru pudru
- 1 laska wanilii
- 100 g malin świeżych lub mrożonych

Sposób przygotowania:
Śmietankę zagotowujemy z drobno posiekanym imbirem i odstawimy na 20 minut, żeby cała przeszła aromatem. Odcedzamy imbir na sicie i do śmietanki dodajemy rozmącone żółtka wymieszane z odrobiną gorącej śmietanki. Cały czas intensywnie mieszamy. Następnie dodajemy wyskrobane ziarna laski waniliowej. Całość zagotowujemy na wolnym ogniu. Na dno filiżanek wykłądamy maliny i zalewamy masą śmietanową. Odstawiamy do wystygnięcia i schładzamy w lodówce. Krem jest najlepszy na drugi dzień, koniecznie karmelizowany cukrem.

Sałatka z wędzonym kurczakiem, awokado i grzankami z serem raclette

Składniki:

- ⊃ 1 awokado
- ⊃ 1 chlebek ciabata
- ⊃ 150 g sera raclette
- ⊃ kilka listków bazylii
- ⊃ 4 pomidorki koktajlowe
- ⊃ kilka listków sałaty rzymskiej

z Robertem Sową
w „Dzień dobry TVN"

Sos:

- ⊃ 1 łyżka naturalnego jogurtu
- ⊃ 1 łyżka majonezu
- ⊃ 1 łyżeczka wina wytrawnego białego
- ⊃ 2 filety anchovies
- ⊃ 1 ząbek czosnku
- ⊃ 1 cytryna
- ⊃ oliwa z oliwek, sól i pieprz

Sposób przygotowania:

Chleb kroimy na grzanki 1,5 cm grubości. Skrapiamy oliwą i posypujemy posiekaną bazylią. Układamy na nich plastry sera raclette i zapiekamy w piekarniku ok. 2 minut w 180°C.

Piersi kurczaka i awokado kroimy w plastry i układamy na porwanej sałacie rzymskiej. Dekorujemy pozostałymi listkami bazylii i ćwiartkami pomidorków koktajlowych.

Wszystkie składniki sosu mieszamy i doprawiamy sokiem z cytryny. Odstawiamy sos na 15 minut, żeby wszystkie składniki dobrze się ze sobą połączyły. Układamy sałatkę w pucharkach lub kieliszkach do martini i polewamy sosem. Podajemy z ciepłymi grzankami skropionymi oliwą.

Szpinakowe gnocchi z sosem dyniowym doprawionym mleczkiem kokosowym i kolendrą

Składniki:

- ⊃ 1 kg ziemniaków purée
- ⊃ 500 g mąki pszennej
- ⊃ 4 jaja
- ⊃ 1 łyżeczka mąki ziemniaczanej
- ⊃ 300 g mrożonego rozdrobnionego szpinaku, dokładnie odsączonego
- ⊃ 1 gałka muszkatołowa
- ⊃ 50 g parmezanu

Sos:

- ⊃ 500 g świeżej dyni
- ⊃ 100 ml mleczka kokosowego
- ⊃ 200 ml śmietanki 30%

- 1 szalotka
- 1 cytryna
- 50 g świeżego masła
- 1 łyżka posiekanej kolendry
- 1 ostra papryczka chilli
- 1 mały bakłażan
- 2 łyżki sosu sojowego
- sól, pieprz i oliwa

Sposób przygotowania: Ziemniaki mieszamy dokładnie ze szpinakiem, następnie dodajemy jaja oraz mąkę. Doprawiamy solą i pieprzem oraz startym parmezanem. Do ciasta ścieramy odrobinę gałki muszkatołowej. Ciasta nie wyrabiamy za długo, żeby nie zrobiło się zbyt rzadkie. Formujemy małe kluseczki podobne do kopytek i gotujemy we wrzącej osolonej wodzie.

Dynię kroimy w drobne kawałki i przesmażamy z szalotką na oliwie. Dodajemy odrobinę wody i rozgotowujemy. Całość miksujemy i zaprawiamy słodką śmietanką oraz mleczkiem kokosowym. Gotujemy ok. 10 min na wolnym ogniu. Na koniec dodajemy startą i sparzoną skórkę cytrynową, odrobinę ostrej papryczki i masło. Zagotowujemy bardzo powoli. Doprawiamy posiekaną kolendrą. Bakłażan kroimy w drobną kostkę 0,5/0,5 cm i przesmażamy na oliwie. Jak zmięknie, dodajemy sos sojowy i odrobinę wody. Czekamy, aż całość odparuje, i dodajemy bakłażan do sosu.

Gnocchi mieszamy z sosem. Można je podawać udekorowane płatkami parmezanu oraz pomidorkami koktajlowymi.

Na moje narzekania, że dynia jest warzywem sezonowym, więc przez cały rok nie da się korzystać z tego przepisu, Karol namawia, by robić najprostsze przetwory. Dynię wystarczy zmiksować i w pojemniczkach przechować w zamrażalniku. Wtedy można korzystać z jej niepowtarzalnego smaku (boska zupa dyniowa) przez cały rok.

na wakacjach w Prowansji, 2002 r.

Filet z halibuta w płatkach owsianych i kukurydzianych z sosem bazyliowym i konfiturą z czerwonej cebuli

Składniki:

- filet z halibuta – ok. 350 g
- 3 łyżki płatków owsianych
- 3 łyżki płatków kukurydzianych
- 1 jajo
- 1 łyżka mąki

Sos:

- 2 łyżki posiekanej bazylii
- 1 łyżeczka musztardy
- sok z połowy cytryny
- oliwa z oliwek
- 1 łyżeczka miodu

Konfitura z czerwonej cebuli:

- 2 czerwone cebule
- 100 g malin mrożonych
- 3 łyżki cukru
- 1 gałązka rozmarynu
- 100 ml octu winnego białego

Sposób przygotowania:

Halibuta kroimy i pieprzymy. Płatki owsiane delikatnie siekamy i mieszamy z pokruszonymi płatkami kukurydzianymi. Panierujemy rybę w mące, rozmąconym jaju i płatkach. Smażymy na złoty kolor.

Musztardę mieszamy z sokiem z cytryny, miodem i bazylią. Cały czas mieszając, dolewamy powoli oliwę z oliwek aż do uzyskania zawiesistej konsystencji.

Czerwoną cebulę kroimy w piórka. Cukier upalamy na złoty karmel. Dodajemy do niego cebulę i zalewamy wszystko octem winnym. Dodajemy gałązkę rozmarynu i maliny. Gotujemy na wolnym ogniu, aż całość zgęstnieje i nabierze konsystencji konfitury.

Halibuta możemy podawać z bukietem sałat na konfiturze i polewać sosem bazyliowym.

jako Basia Brzozowska w kuchni „Na Wspólnej"

Rozdział 12

PIERWSZY SIWY WŁOS

Od dziecka marzyłam o długich włosach. Blond i lekko kręconych (takich mniej więcej jak u Nel w pierwszej wersji „W pustyni i w puszczy", tylko dłuższych) – takie wydawały mi się najbardziej kobiece. Bo ja chciałam być królewną (oczywiście wtedy, gdy nie chciałam być chłopcem).

Królewną imieniem Agnieszka.

Ale Mama była osobą niezmiernie praktyczną. Raz w miesiącu prowadzała mnie do męskiego fryzjera. Polecenie: „na półmęsko proszę!" brzmiało jak wyrok. Doprowadzało do spazmów. Bo to była taka (dramatyczna!) fryzura, którą wystarczało przyczesać z wierzchu grzebyczkiem – i już można było złapać dziecko za rękę i pognać do szkoły. Mama była szkolną higienistką, na co dzień miała do czynienia z wszawicą, która raz po raz wybuchała to w tej, to w innej klasie (lub grupie kolonijnej), więc to pewnie też było nie bez znaczenia przy doborze mojej fryzury.

W klasie miałam koleżankę, która przy każdym comiesięcznym przeglądzie włosów okazywała się zawszona, nikt się z nią nie kolegował, nikt nie chciał z nią siedzieć w ławce. Raz na wuefie trzeba było się wziąć w kółku za ręce. Za jedną rączkę Irenkę złapała Pani, za drugą nikt nie chciał. Widząc, jak stoi upokorzona, ze spuszczoną głową, przezwyciężyłam obrzydzenie i lęk, że jej wszystkie wszy zaraz na mnie przeskoczą, i wzięłam ją za rękę, zamykając koło. Jakże się poczułam szlachetna! To uczucie okazało się na tyle przyjemne, że odtąd (zwłaszcza jeśli nie wymagało to dużego wysiłku) starałam się, by mile łechtało moje ego. Środkiem do zwalczania insektów było DDT. Już wtedy podejrzewano, że ten biały proszek może nie być zdrowy (po latach zabroniono go stosować, bo odkryto, że jest rakotwórczy), więc kiedy raz na koloniach złapałam te paskudztwa, Mama cierpliwie wyiskała mi gnidy z czupryny, bym nie musiała wdychać tego świństwa, którego chmura unosiła się nad odwszawianym delikwentem. A wiele lat później moja Mama umarła. Na raka.

Natychmiast, gdy uzyskałam matczyną zgodę, coś koło jedenastego roku życia – zaczęłam włosy zapuszczać. Pamiętam, jak przechylałam głowę do tyłu, by zobaczyć, jak to będzie, gdy już mi tak urosną, że ich końce zaczną muskać plecy. I tak cierpliwie je hodowałam, aż sięgnęły mi za pośladki, prawie mogłam na

122

nich siadać. Byłam wtedy tak wygimnastykowana (szpagat i mostek nie stanowiły najmniejszego problemu), że mogłam spokojnie próbować, jak to jest, gdy ma się włosy do kostek, ale już mi się nie chciało być aż tak konsekwentną.

No, z tą anielską cierpliwością w zapuszczaniu włosów też przesadziłam. Otóż kiedy Abba była u szczytu popularności, wszystkie dziewczyny obcinały włosy „na małpę". Na wzór tej ich czarnowłosej wokalistki.

Wtedy znowu Mama stanęła w poprzek moim planom: uważała postrzępione, wycieniowane kłaki za niegustowne. Podobnie jak spodnie-dzwony – nie daj Bóg, w kwiatki!!! – czy szydełkowe kapelusiki, jak najbardziej różowe... Ileż niezrealizowanych marzeń! Do tej pory nie rozumiem, co jej szkodziło je spełnić?! Dlatego, kiedy Filip przychodzi do mnie z pomysłami ogolenia się na łyso lub zrobienia sobie tatuażu, nie protestuję; bo włosy przecież odrosną, a i tatuaż można zlikwidować. Nie zgadzam się tylko na finansowanie tych pomysłów; jeśli to twoje marzenie, znajdź sposób, by je zrealizować!

Do szkoły teatralnej zdawałam uczesana konserwatywnie; miałam dwa warkocze, skręcone w obręcze po obu stronach, pod uszami.

W czasie studiów i potem konsekwentnie nosiłam warkocz na lewym ramieniu, czasem koczek. Nuda! Dopiero wiele lat później zrobiłam sobie trwałą. Tak delikatną, że wyglądała naturalnie. Wyszło nadzwyczajnie, mogłam wreszcie chodzić w rozpuszczonych, i tak już zostało na najbliższe piętnaście lat. A jaka wygoda! Do fryzjera chodziłam raz na pół roku, dorobić trwałą na odrostach, a jedynym zabiegiem kosmetycznym w domu było mycie i suszenie (raczej bez suszarki), na koniec zaś wgniatanie pianki w celu uzyskania ładniejszego skrętu. I to wszystko!

Nosiłam tę fryzurę tak długo, aż świat nabrał przekonania, iż z natury mam kręcone włosy.

Tak to wrosło w pejzaż zawodowy, że kiedy na okoliczność propozycji zagrania Basi w „Na Wspólnej" postanowiłam zmienić swój wizerunek na bardziej mieszczański, wszyscy myśleli, że co dzień pracowicie prostuję naturalne kędziory. Na początku rzeczywiście tak było, musiały te wymęczone, zniszczone bidulki przecież odrosnąć.

ze stylistą Jean Louis David,
Piotrem Pogodzińskim

W tym czasie producenci „Wspólnej" zorientowali się, że zaangażowali cztery aktorki w tym samym typie i w dodatku spod ręki tego samego fryzjera, więc bohaterki mylą się widzom; brunetki ze średniej długości prostymi włosami: Renatę Dancewicz, Annę Korcz, Ilonę Wrońską oraz mnie. I zaczęli kombinować, którą z nas przefarbować, a którą tu by ostrzyc. W efekcie dostałam propozycję, aby wrócić do mojej... naturalnej fryzury! Oczywiście nieporozumienie szybko się wyjaśniło.

Ku rozpaczy mojego ukochanego, nie zamierzam już zapuścić

z Tomaszem Jacykowem

długich włosów. Mój zawód stwarza mi wiele możliwości bezbolesnych zmian wizerunku oraz zaspokaja potrzebę nowości; czasem wkładają mi na głowę perukę (np. w „Panopticum à la Madame Tussaud" Janusza Wiśniewskiego w Teatrze Nowym w Poznaniu grałam w takiej prawie metrowej, barokowej, ze statkiem na szczycie), często dopinają mi jakieś treski, no i w razie czego zawsze mogę sobie włosy przedłużyć (jak Michał Żebrowski do roli Wiedźmina). Natomiast Tobie, kochana, radziłabym zasięgnąć rady dobrego fryzjera, bo być może zbytnio przyzwyczajona do własnego wyglądu nie zamierzasz słuchać niczyich rad; jesteś przekonana, że nic lepszego na Twojej głowie wymyślić się nie da. Tymczasem nie wyobrażasz sobie nawet, jak rozkwitają kobiety, które porwą się na właściwą odmianę.

Na potrzeby pewnej reklamówki trzasnęłam się kiedyś na blond. Pierwszy i ostatni raz w życiu. Efekt tragiczny, ale pieniądze zarobione, no i wykonałam normę, ustaloną przez Marilyn Monroe: każda kobieta powinna choć raz w życiu być blondynką!

⊃ WŁOSY

Dobre cięcie, wypielęgnowane włosy – to podstawa Twego wizerunku.
Jeśli regularnie odwiedzasz zdolnego fryzjera, to możesz się nie malować, paradować w dresie, a i tak będzie dobrze. A potem – spokojnie się zrobisz na bóstwo w piętnaście minut, bo ile czasu można marudzić nad wyborem perfum i butów?

⊃ INTENSYWNE ODŻYWIANIE WŁOSÓW

Parokrotnie zastosowałam saunę do włosów – wsadzasz wtedy głowę do urządzenia, które wygląda jak przedpotopowa suszarka. W środku panuje wysoka temperatura, która otwiera łuski włosów, a wtedy na całej długości chłoną one specjalne odżywcze preparaty.

Nie polecam natomiast żadnych masek, olejków do regeneracji włosów – bo nie mam o nich pojęcia.

Kiedyś próbowałam metod chałupniczych, ale gdy odżywka z oliwy i jajek zastygła mi na głowie w kask – zaprzestałam. Współautorka sugeruje, że znakomite efekty przynosi wax – ekstrakt z henny, opracowany jako środek na porost włosów dla chorych, którzy wyłysieli po chemioterapii. Należy go właściwie dobrać (w aptekach, bez recepty, są trzy rodzaje tego produktu), konsekwentnie stosować przez pół roku (zgodnie z kłopotliwą instrukcją obsługi) – i... podobno włosy puszczają się jak szalone.

Łysienie

Jeżeli tracisz włosy (odstukać w niemalowane!), zaczynają Ci się przerzedzać lub punktowo wychodzić – to gnaj galopem do renomowanego dermatologa. Ale – duchem! Bądź przygotowana, że odeśle Cię do innego specjalisty: włosy to barometr zaburzeń hormonalnych, zatruć organizmu i zakażeń skóry. Wiedz, że leczenie trwa długo, lecz rozpoczęte w porę najczęściej bywa skuteczne. Tymczasem zagęszczaj włosy np. pyłkiem jedwabiu w proszku (wstukaj do internetowej wyszukiwarki nazwę „nanogen", a znajdziesz więcej informacji).

Metody domowe

Daria Widawska stosuje maseczkę do włosów (jajko-oliwa) na całą noc – na owiniętą foliowym workiem głowę: z fantastycznym skutkiem (jak widać)! Diane Brill (amerykańska żywa lalka Barbie z fryzurą Violetty Villas) radzi zastosować na włosy podczas ciepłej kąpieli... najtańszy majonez, owinięty folią aluminiową.

⊃ BRWI

Kształt brwi nadaje wyraz twarzy. I uwierz, najlepsze brwi to Twoje rodzone (no, chyba że masz brwi jak Stanisław Tym). Koszmarna zdaje się niegdysiejsza moda depilowania pod kreskę: nigdy nie kusiło mnie, by wydepilować sobie brwi. (Zanim zapytasz dlaczego, obejrzyj z bliska starsze panie – ofiary tej mody – które teraz malują sobie brwi ołówkiem).

Oczywiście niewielka korekta jest potrzebna, zawsze wyrośnie jeden-drugi niesforny włosek, który zaburzy naturalny łuk. Więc jeżeli zdecydujesz się na regulację – zainwestuj w lusterko powiększające. Zacznij od nasady nosa: wyskubuj włoski pęsetą, pojedynczo, w kierunku, w jakim się układają. Na koniec posmaruj podrażnioną skórę środkiem ściągającym (jeśli taki masz).

Powtarzam, usuwaj tylko te, które wystają poza założony kształt. I po dojrzałym namyśle, bo to naprawdę saperska robota. Zdarza się, iż wyrwane włoski nigdy nie odrastają... A wtedy zostaniesz z tym eksperymentem na twarzy na zawsze!

Malowanie brwi

Pociągnij lekko ostrym ołówkiem do brwi (brązowym albo szarobrązowym) od wewnątrz ku zewnętrznym końcom – kreseczki w kierunku, w którym rosną włoski, tak jakbyś je pojedynczo dorysowywała.

Nigdy nie rysuj na brwiach grubej ciągłej linii.

Unikaj czarnego – położony na brwiach sprawia, że rysy twarzy optycznie twardnieją, stają się ostre, dziwne, nieprzyjemne. (No, chyba że naprawdę chcesz wyglądać jak Morticia z „Rodziny Adamsów". Ale wtedy maluj się raczej czarnym flamastrem, żeby było szybciej).

⊃ RZĘSY

Główna rola rzęs to ochrona oka. Dlatego oszczędzaj, na czym chcesz, ale tusz do rzęs kup najwyższej jakości! – żeby zawierał składniki, które zregenerują rzęsy i wzmocnią je, nie drażniąc oczu.

Przed półką z tuszami postój i pokombinuj. Są przedłużające i zagęszczające rzęsy, są też „specjalistyczne": dla alergików, dla kobiet noszących „kontakty" itd. Dla każdego coś miłego. Ale pamiętaj: zawsze jest coś za coś.

Renomowany wodoodporny tusz nie puści nawet na basenie – trzyma jak superglue. Ale spłuczesz go wyłącznie specjalną drogą mieszanką; i nie zatrzyj przy tym oka, nie powydzieraj rzęs z cebulkami (bo bardzo je osłabisz). A już na pewno nie skub tych grudek!

Sztuczne rzęsy

Kocham sztuczne rzęsy – ale tylko na scenę. Zasada jest prosta: im głupsza bohaterka, tym dłuższymi i grubszymi rzęsami trzepocze... Długie sztuczne rzęsy tak zmieniają twarz, że od razu się czuję kim innym: tą blondynką, którą gram. A ponieważ ta kobieta z włochatymi gąsienicami na powiekach to już nie ja, więc... mogę sobie pozwolić na wszystko!

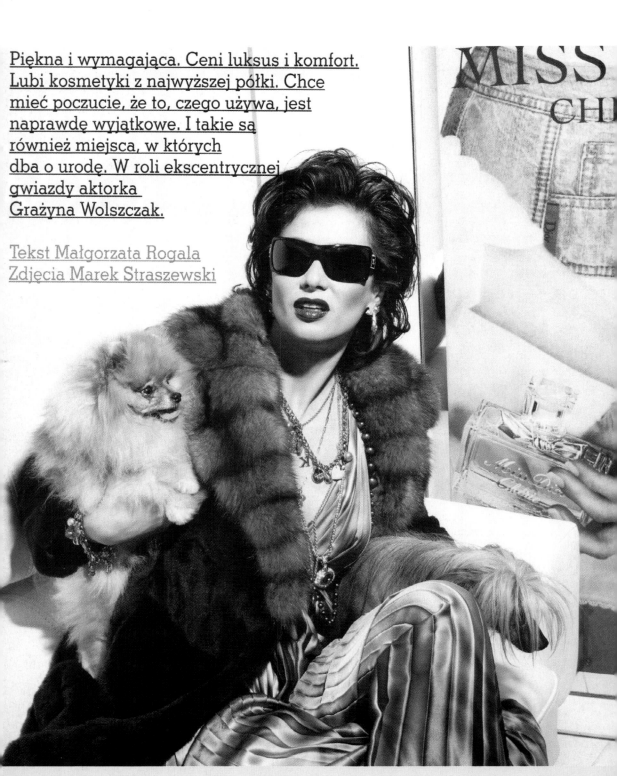

Piękna i wymagająca. Ceni luksus i komfort.
Lubi kosmetyki z najwyższej półki. Chce
mieć poczucie, że to, czego używa, jest
naprawdę wyjątkowe. I takie są
również miejsca, w których
dba o urodę. W roli ekscentrycznej
gwiazdy aktorka
Grażyna Wolszczak.

Tekst Małgorzata Rogala
Zdjęcia Marek Straszewski

sesja dla „Elle", 2006 r.

Największe sceniczne rzęsy ręcznie produkują charakteryzatorzy: takie do niczego Ci się nie przydadzą. Ale delikatne sztuczne rzęsy warto mieć na wielkie wyjścia. (Jeszcze lepsze są kępki rzęs, które wkleja się między własne, zwłaszcza przy zewnętrznych końcach powiek. Nie widać, że coś doklejone, a efekt?! – piorunujący!). Poćwicz przedtem parę razy przytwierdzanie sztucznych rzęs! Wcale niełatwo przykleić te rzęsy prosto, za pierwszym razem raczej Ci nie wyjdzie… A jak źle posmarujesz klejem – to podczas wieczoru rzęsa może Ci odkleić się w połowie i potem dziwnie zwisać (a Ty niekoniecznie dowiesz się o tym pierwsza).

Jak malować rzęsy?

Na co dzień pociągaj tuszem koniuszki rzęs górnych – to wszystko. Dolne wymagają dyskrecji oraz pewnej ręki (bo łatwo się wtedy rozmazać) – i ich malowanie możesz w ogóle sobie odpuścić, nie tylko na kacu.

Przed wieczorową imprezą najpierw rzęsy (z wyczuciem!) przypudruj i dopiero po chwili przeleć tuszem. Ostrożnie – bo się posklejają! (Posklejane od razu rozczesz specjalną szczoteczką).

⊃ OKULARY

Każde okulary (także przeciwsłoneczne) wybieraj u optyka. U takiego prawdziwego optyka, który kocha swój zawód i jeszcze lubi kobiety – a nie w ekspresowej stacji obsługi, gdzie młodej pannie płacą prowizję od obrotu, a szkolą ją w… trikach socjotechnicznych. Okulary muszą być wygodne w noszeniu, nie uciskać i nie kaleczyć nosa, a jednocześnie powinny podkreślać zalety urody i tuszować jej braki: stapiać się z twarzą i całym Twoim stylem. Za pomocą oprawki możesz się wykreować – niemal

z Robertem Kudelskim

zmienić swój charakter; warto wykorzystać tę szansę!

Górny kontur oprawki zawsze powinien być mniej więcej zgodny z naturalnym zarysem Twoich brwi – znajdować się na ich wysokości lub biec równolegle do łuku brwiowego. Oprawka, której górny kontur wznosi się ku skroniom, wydłuża twarz, a oprawka z poziomą linią górną optycznie twarz skraca.

Twarz bez wyrazu, szara, zyskuje dzięki okularom ciemniejszym, o pogrubionych oprawkach. Gruba i szeroka oprawka wyostrza rysy twarzy, jasna i delikatna zaś je łagodzi.

Rozdział 13

DOJRZEWANIE, DORASTANIE

Raz na jakiś czas ktoś nie wytrzymuje i zadaje mi takie pytanie:

– Czy aktorzy naprawdę się całują przed kamerami? To znaczy z języczkiem?!

– Aktorstwo to jest sztuka udawania – odpowiadam. – Nie odbywa się to bez dotykania, bo inaczej dobrze symulować się nie da. Ale reszta to sprawa techniczna, żeby wszystko było widać w kamerze, a na ekranie wyglądało najefektowniej.

– To nie ma dla Pani znaczenia, kto jest Pani partnerem?

– Oczywiście, że ma! Dużo przyjemniej jest się przytulać do kogoś miłego, schludnego, pachnącego i kogoś, kogo się zwyczajnie lubi.

– I co? Tak w trakcie tego całowania nic nie czujecie? Nic nie drgnie?

W duchu zgrzytam zębami:

– Bardzo proszę, żeby pani spróbowała na gwizdek całować się ze swoim chłopcem… I niech przy tym sąsiad pani daje instrukcje dotyczące tempa całowania oraz każe pani trzymać głowę pod określonym kątem, a rodzina bacznie was obserwuje, podświetlając reflektorami… Po godzinie takiego romansu to pani mi opowie, jakie to było ekscytujące!

Albo inne pytanie:

– A gdyby dostała Pani niemoralną propozycję, no wie Pani, jak w tym filmie z Redfordem? Ile by musiał Pani zapłacić za noc, żeby się Pani zgodziła?

Na to ja:

– Pan żartuje, prawda? Redford? To ja bym mu zapłaciła!

No i pytanie, zwykle od dziennikarek:

– Czego by Pani nigdy, ale to nigdy nie zrobiła (na scenie lub przed kamerą)?

Tu odpowiadam jak najbardziej serio:

– Nigdy nie użyłabym seksu jako narzędzia. Stanowi on nieprzekraczalną barierę między moim życiem prywatnym a zawodowym, z czego zdałam sobie sprawę, oglądając film „Idioci" Larsa von Triera. Otóż przed projekcją wydawało mi się, że podejmę się każdego zadania aktorskiego. Ale aktorzy von Triera przecież nie udawali… Naprawdę odbywali stosunki seksualne w filmie, bynajmniej nie pornograficznym! Byłam wstrząśnięta! Przecież film to sztuka kreacji, szlachetnego oszustwa. Nikt też nie namówiłby mnie na udział w pewnym filmie, który miał w scenariuszu sceny z płonącymi żywcem owcami… Reżyser, zamiast poszukać jakiegoś technicznego sposobu na uzyskanie tego efektu, naprawdę zwierzęta podpalił.

To nie jest sztuka, to jest wielkie nadużycie.

Takie pytania pokazują aktorowi, że ponieważ uprawia ten zawód i całuje się na ekranie, to chciał nie chciał, automatycznie uchodzi za człowieka o bujnym

z Piotrem Machalicą na próbie
„Samotnych serc", Teatr Komedia, 2005 r.

zdjęcie – prezent od kolegów dla koleżanek z roku, 8 marca 1982 (w tajemnicy dodam, że można tu znaleźć redaktorów Macieja Orłosia i Jacka Sobalę)

doświadczeniu osobistym oraz za specjalistę od uwodzenia. No to jak tak – opowiem o swojej rozwiązłości… Niech stracę… niezasłużoną opinię eksperta!

Zakochana byłam niemal od kołyski. Bo już w przedszkolu był śliczny Wojtuś: okrągła buźka, czarne włoski i oczka. A potem Lutek Kościeluk (może Kościuk) – w I czy II klasie podstawówki, w trzeciej zaś Mama znalazła list miłosny w kieszeni mego fartuszka. Mój do chłopaka.

Był to miłosny list, taki jak w piosence Golców – anonimowy! – a adresat miał mi za tablicą zostawić zwrotną wiadomość, czy jest zainteresowany, czy nie. Nie wiem, czym i jak to się miało sfinalizować, nie pamiętam, dlaczego list nie został doręczony… Wiem za to, że rodzice w niedzielę przy śniadaniu z chichotem odczytali co lepsze fragmenty moich wyznań. Czułam się upokorzona, choć zapewne chcieli dobrze. Zamierzali mi pokazać, jak bym się ośmieszyła, gdyby ten list trafił do adresata. Dlatego potem już nigdy nie wiedzieli o mnie nic.

Ukrywałam przed nimi zwłaszcza swoje uczucia. Maksymalnie chroniłam swoje życie prywatne… Chociaż w praktyce wcale go nie miałam, ponieważ aż do dorosłości (a i potem się zdarzało) specjalizowałam się w miłości platonicznej. I to do kwadratu: uciekałam od obiektów swoich uczuć! Wydawało mi się, iż uczucie tak ze mnie emanuje, że je dosłownie widać – szalałam zatem z miłości, lecz unikałam konfrontacji… Trzymałam się z dala właśnie od tych chłopców oraz mężczyzn, którzy mi się podobali!

Między IV a VIII klasą kochałam się w Ryśku Szulcu, koledze z klasy. Patrzę na jego zdjęcia i doprawdy nie mogę dociec, co w sobie miał! Ale coś mieć musiał, bo nie tylko ja szalałam za nim, kochała się w nim także Iza Wrocławska, a i moja najlepsza przyjaciółka Mariola od czasu do czasu też. Wtedy każdy prowadził zeszyt pt. „Złote myśli". Nikt go jednak nie zapełniał mądrymi sentencjami o życiu, o nie! Myśli bynajmniej nie były złote, tylko głupie, na przykład: „twój ulubiony kolor?". No i trzeba było odpowiedzieć. Te odpowiedzi nikogo specjalnie nie obchodziły, były jedynie pretekstem dla najważniejszej stroniczki, pełniącej rolę tablicy ogłoszeniowej, kto do kogo w klasie czuje miętę – stroniczki „Moja sympatia". Identyczną funkcję pełniły napisy na murach i chodnikach (np. GW + RS = WM, a WM oznaczało oczywiście Wielką Miłość). Otóż Rysiek wpisywał jako swoją sympatię czasem mnie i wtedy w szczęśliwych podskokach wracałam do domu, ale czasem Izkę, a wtedy lądowałam na samym dnie czarnej rozpaczy! I to by było tyle. Temat mojego życia erotycznego w podstawówce został wyczerpany. W liceum właściwie było podobnie, tyle że „Złotych myśli" już nie było, więc niepewność sięgała zenitu! Ach, nie! Przepraszam, były Zabawy Klasowe (obecnie zwane dyskotekami).

Na zabawach grali ze szpulowego magnetofonu bracia Osmonds („Crazy Horses"), Janis Joplin czy Carlos Santana ze swoimi wolnymi kawałkami, idealnymi do tańczenia w parach, czyli do przytulania... No i tak tańczyłam z Ryśkiem Szulcem, na zmianę z Izką! Ale to głównie w wielotomowych pamiętnikach dawałam upust swym romantycznym ciągotom, zawiedzionym nadziejom i odtrąconym uczuciom.

Żeby wyczerpać listę młodzieńczych dokonań literackich: został mi jeden zeszyt od polskiego. Jakże byłam oburzona na rozwiązłość Jagny z „Chłopów"! Cytuję: „Przez życie Jagny w ciągu pół roku przewinęło się trzech mężczyzn!!!".

Nie wiedziałam zupełnie, co też Jagna robiła z nimi na sianie… Wówczas jednak nie mieściła mi się w głowie nawet tak obrzydliwa rozpusta, jak wymiana pocałunków z trzema facetami; przerastała mą wyobraźnię! Spodziewałam się pochwały za pięknie odczytane wypracowanie, a zwłaszcza za stanie na straży moralności, nie rozumiałam więc, dlaczego polonistka westchnęła tylko i powiedziała, że to wszystko nie jest takie proste.

A parę lat temu, na pikniku weselnym, na trzecim ślubie Janusza Zaorskiego, Andrzej Zaorski, brat pana młodego, wzniósł toast: „Za czasów PRL-u, kiedy się chałturzyło – bywało, że występowaliśmy i pięć razy dziennie. I wtedy powstało pytanie, gdzie jest granica między sztuką a chałturą. W końcu uzgodniliśmy – po zręcznej pauzie kontynuował Zaorski – że do trzech razy Sztuka! Więc… pamiętaj, braciszku: do trzech razy sztuka! – bo potem jest już chałtura!".

Czy mogłam to wiedzieć w podstawówce? Stanowczo, nie mogłam!

Nie wiedziałam również wielu innych rzeczy. Bo nie jeździłam na wycieczki szkolne, nie spałam w namiocie, nie całowałam się, nie próbowałam obłapek: inne matki truchlały, po czym żegnały się krzyżem, uświadamiały córki i puszczały je w nieznane pod opieką nauczycielek – i w towarzystwie chłopców! Ale moja Mama była nieugięta. Konsekwentnie dozowała mi wszelkie kontakty, izolowała od rówieśników, pilnowała, bym nie odeszła o krok z podwórka – i w efekcie wychowałam się bez społecznych doświadczeń… Nie tylko w kwestiach damsko-męskich byłam potem zupełnie zielona do późniejszego wieku niż moje koleżanki.

Mimo tych towarzyskich restrykcji – uświadomiła mnie właśnie koleżanka. Na wczasach w Karpaczu.

Miała czternaście lat, ja o trzy lata mniej. Dzięki niej weszłyśmy do kina na film od lat 14 „Fantomas". A potem mi wyjaśniła, o co chodzi chłopcom, kiedy latają i dźgają palcem wskazującym w kółko, zrobione z palców drugiej dłoni. Dotąd tylko wiedziałam, że to świńskie… ale dlaczego mianowicie – świńskie?!

Przyjęłam do wiadomości, że gest oznacza seks, a seks to jest to i to. Następnie uznałam tę czynność za wyjątkowo obrzydliwą. I z dziewiczą stanowczością oceniłam, że tego na pewno nie robią moi rodzice. Obcy ludzie niech sobie to robią – oświadczyłam tolerancyjnie. W ogóle: niech robią, co chcą! Lecz moi rodzice są poza takimi posądzeniami!

W początkach liceum podkochiwałam się skrycie w Witku Stelmachu, który, jak wiadomo, nic o tym nie wiedział. A jeszcze później marzyłam o małżeństwie (jak dobrze, że nie było żadnego kandydata) – żeby uciec spod matczynego reżimu – oraz o Krzysztofie Kolbergerze, który rozbudzał wyobraźnię panienek w roli Romea (Julię grała Bożena Adamkówna!). Oczywiście także Kolberger o moim cielęcym uwielbieniu nic nie wiedział. Kiedy trafił na okładkę „Radaru", ukradłam komuś – już nie pamiętam komu, lecz swą ofiarę serdecznie przepraszam – egzemplarz pisma z tym czarno-białym zdjęciem. Trzymałam Kolbergera w szufladzie… I adorowałam, gdy było mi smutno (to znaczy codziennie). W porywach kochałam się również w Janie Nowickim („Anatomia miłości") oraz Zbigniewie Zapasiewiczu („Za ścianą").

Z kompleksów nic nie było w stanie mnie wyzwolić. Ani zapewnienia przyjaciółek od serca (Mariola Zielińska), ani nawet to, że ludzie zaczęli mnie chcieć fotografować. Pamiętam nawet pierwszą sesję w życiu. Pewien młodzieniec, który zdawał na fotografię do szkoły plastycznej, zaprowadził mnie do lasu i „romantycznie" upozował.

Wyobraź to sobie: ja, oparta o drzewo… z przechyloną głową… i smutkiem w oczach. „Anna Maria wciąż patrzy w dal", jak nic.

z Redbadem Klynstrą w „Grach ulicznych" Krzysztofa Krauzego

Chyba w tamtej fazie dorastania ujawniła się moja miłość do sztuki. Przepraszam – do Sztuki. I to nie były żarty, lecz od początku absolutnie poważna sprawa... Chociaż poniekąd – ale tylko poniekąd – uosabiał tę miłość przepiękny baletmistrz, którego z oddaniem podziwiałam w „Jeziorze łabędzim". Co ciekawe, nie dostrzegłam faktu, jaki ponoć innym wyraźnie rzucał się w oczy: osobiste preferencje mego idola wykluczały nasz miłosny happy end. W domu jednak wybuchła granda o tę miłość do Sztuki. Mama uznała mnie za winną włóczenia się po nocach, podejrzewała o zejście na złą drogę i nie mogła uwierzyć, że zamiast na ksiuty – kilkanaście razy z rzędu poszłam oglądać „Jezioro łabędzie" do Opery i Filharmonii Bałtyckiej... w towarzystwie mojej przyjaciółki Ewy Prokopczuk, urodzonej artystki, śmielszej i bardziej wygadanej niż ja. Dzisiaj sama zapewne bym w to nie uwierzyła, bo na przykład skąd niby mam pieniądze na bilety?!

W pewnym sensie Mama miała rację, że zaczęłam schodzić na złą drogę pod wpływem Ewy – też zresztą zakochanej w tancerzu (ale mniej banalnie niż ja: w tancerzu niskim i niezbyt urodziwym, za to skaczącym jak marzenie). Wymykając się bowiem na kolejne przedstawienia, zaczynałam już ostro przeć do samodzielności, której mi zakazywano. No i faktycznie zaczęłam łamać przykazania... Żeby oglądać swego bogdanka absolutnie za darmo, bez biletu, po popołudniowym przedstawieniu chowałam się więc za kotarami w foyer – i czekałam przez wieczność na spektakl wieczorny; nikt nie legitymował widzów, którzy JUŻ znajdowali się w teatrze.

Ponadto objawiły się też po raz pierwszy moje uzdolnienia aktorskie. W serii drobnych oszustw. Otóż, zaobserwowałyśmy z Ewą, iż uczennice szkoły baletowej dostają się do teatru za friko. Przechodzą gromadkami za barierki, nie legitymując się bileterkom, mówią „dzień dobry" i wchodzą; szkoła musiała mieć jakiś układ z teatrem. Dawaj, poszłyśmy ich śladem! Rola młodych baletnic jest nieskomplikowana: włosy w koczek, głowa – najwyżej jak się da, stopy wykręcone na zewnątrz.

Oraz bicie serca i adrenalinowy dreszcz. Ale nikt nas nie złapał – i nigdy się nie wydało, żeśmy samozwańce.

Potem zaczęłyśmy wchodzić do teatru tylnym wejściem – tym dla artystów: w orkiestrze grała na waltorni nasza koleżanka, uczennica szkoły muzycznej.

Raz, drugi, trzeci wpuściła nas po cichutku. Szybko wtedy nawiązałyśmy znajomości i przemykałyśmy się przez portiernię „na dwa słowa", do któregoś z muzyków. Z czasem portierzy też już nas zaczęli rozpoznawać i też wystarczyło „dzień dobry".

Ostatecznie opracowałyśmy metodę wyjątkowo bezczelną, która zdawała egzamin podczas występów teatrów zagranicznych. Wtedy bilety kosztowały majątek, więc i ochrona była wzmożona i czujniejsza. Była to metoda wręcz frontalna: ukryte w tłumie, stojącym do wejścia, wrzucałyśmy płaszcze do skrzyń – pojemników na piasek, jakim posypywano zamarznięte ulice. Po czym, ubrane tylko do figury, wchodziłyśmy niby to „z powrotem" do teatru – w roli widzów, którzy wyszli z foyer na ostatniego papierosa przed spektaklem. Tak dostałyśmy się na balet flamandzki Neumeiera, na balet Drzewieckiego z Poznania oraz Pantomimę Tomaszewskiego z Wrocławia…

Tego typu (nieliczne zresztą) akcje nie mogły mi zastąpić naturalnego dojrzewania w społeczeństwie, które procentuje otrzaskaniem dziewcząt w sytuacjach damsko-męskich. Ot, nie przeżyłam fazy chi-chi-chi, czyli nastolennich eksperymentów i podrywów… Co natychmiast wyszło mi bokiem we Wrocławiu, dokąd pojechałyśmy razem z Ewą, w ślad za zespołem Pantomimy (i zamiast zamążpójścia).

Teraz wydaje się śmieszne lub nieprawdopodobne, że zupełnie nie rozumiałam, o co chodziło, kiedy jakiś świeżo poznany gość pod byle pretekstem zaprosił mnie do siebie, do hotelu. W pretekst uwierzyłam, a że jest obleśny, zorientowałam się dopiero wtedy, kiedy już mi niemal dyszał nad uchem. Uwierz mi, nie było łatwo zwiać, dla niego ta sytuacja była jednoznaczna; po co panna przychodzi do hotelu?...

Po tym doświadczeniu zaczęłam sumiennie unikać niebezpieczeństw, ale i tak okazało się, że nie mając zielonego pojęcia o relacjach międzypłciowych, czasem wysyłałam błędne komunikaty... więc nieporozumień nie mogłam uniknąć. A na III roku Akademii Teatralnej nie miałam pojęcia, jak też sobie poradzić z miłosnym zapałem, który powzięłam do Adasia Ferencego, podówczas asystenta Aleksandry Śląskiej.

Adam nigdy nie był piękny: wtedy wyglądał tak samo jak dziś, tylko młodszy. Nie pytaj więc, co w nim było – ale z całą pewnością było. COŚ w sobie miał. Intelektualnego też. No i co zrobiłam, aby go zdobyć?! Hm... pewnie się nie zdziwisz. Napisałam do niego list, żeby z siebie to uczucie wyrzucić: ale na dobrą sprawę znowu był to list do samej siebie, gdyż wcale nie miał iść do adresata.

Nie, Mama go nie wyjęła z kieszeni mojego fartuszka, sama to zrobiłam – pokazałam list swojej przyjaciółce Elce Dmochowskiej (córce Mariusza). A ona się zachwyciła: „Fantastyczne! Będziesz głupia, jak mu tego nie dasz!". Byłam głupia, bo jej posłuchałam i dałam ten list: a Ferency go przeczytał... Był chyba zakłopotany i mówił, że to bardzo piękne (wątpię, czy pod względem literackim, więc miał na myśli chyba uczucie). Ale ja byłam już tak zestresowana, że najpierw zamieniłam się w słup soli, aż wreszcie uciekłam. I tak unikałam go do końca szkoły! Spotykaliśmy się tylko na zajęciach.

fotos z „Olśnienia", reż. Janusz Wiśniewski

Potem pomału nabrałam pewności siebie. Wyemancypowałam się. Uświadomiłam sobie, że nie tylko dziewczęta – lecz że obie strony boją się odrzucenia i upokorzenia. Natychmiast przestałam też widzieć powody, żeby ten pierwszy sygnał koniecznie musiał dać mężczyzna. I w efekcie zaczęłam się porywać na spektakularne akcje, żeby sprawdzić, czy naprawdę potrafię poderwać faceta?! Innymi słowy: z ciężkim opóźnieniem zaczęłam przerabiać brakujące etapy w życiorysie – moje rówieśniczki robiły takie testy swojej atrakcyjności w wieku piętnastu lat.

I tak, raz z zimną krwią potraktowałam chłopaka jak doświadczalnego królika: rzucił dla mnie córkę rektora czy dziekana swojej własnej uczelni, technicznej zresztą – i nic z tego nie miał... Bo wcale mi na nim nie zależało. Nauczyło mnie to jednak raz na zawsze, że kobieta ma władzę nad mężczyznami. Odtąd to wiem – i tej władzy nie wykorzystuję. Przynajmniej do rozbijania cudzych związków. Bo i po co?

Ponieważ, jak już zdążyłaś się zorientować, nigdy nie byłam mocna w uwodzeniu, z rozbawieniem, ale i podziwem zagłębiłam się w rady wspomnianej już amerykańskiej uwodzicielki (wyobraź sobie Barbie z włosami Violetty Villas i biustem Pameli Anderson). Nigdy w życiu większość jej rad i ćwiczeń nie przyszłaby mi do głowy, choć niektóre „techniki" stosowałam intuicyjnie. Sprawdź – może Tobie się przydadzą?

⊃ Jak zrobić entrée?

Postawa to grunt.

Głowa – do góry! Dumna poza: pełna witalnej energii.

Miękko, lecz wytwornie, z wyczuciem. Zaakcentuj swe krągłości (nie czas się ich wstydzić!). Wysuń trochę jedną nogę... lekko zegnij w kolanie... i przerzuć ciężar ciała na tę drugą, z tyłu (tak jak sprinterki, lecz w malutkim rozkroku). Spokojnie, z elegancją w ruchach. I patrz przy tym śmiało, niespiesznie, po obecnych... Zorientuj się, gdzie stoi szwedzki stół...

I jeszcze odrobinę się wyprostuj. Wyobraź sobie, że Brad Pitt, wisząc u sufitu, złapał Cię za biustonosz – na samym środku – i teraz siup! – ciągnie go do góry!... pociąga – do przodu...

Już!... Wyszłaś z bloku: ramiona do tyłu, piersi na boki, krok zdecydowany (ale po drodze nie wpadnij na kelnera, choć oczy Ci zasnuło przerażenie). Włącz wewnętrzny metronom – i idź – szwedzki stół był tam, po lewej stronie.

Entrée w wersji dragońskiej: kolana razem – pierś naprzód – głowa do góry! – w dwuszeregu zbiórka – i naprzód marsz! Przydatne, gdy wchodzisz z facetem, którego nie jesteś pewna: niewiele panien podskoczy do gościa, który przyszedł z kobietą o prezencji czołgu... A te pozbawione instynktu samozachowawczego – zestrzelisz w locie: tra-ta-ta-ta!

⊃ BUTY

Na stopach kobiety, która idzie na wysokich obcasach, jest wprawdzie nadal ponad siedemdziesiąt tysięcy nerwowych zakończeń, ale jakoś nikt – z nią na czele – nie myśli o chiropraktyce.

Buty na szpilkach zamieniają każdą parę nóg w seksualny fetysz. I od razu go stawiają na piedestał.

Jest tak podobno, dlatego że:

⊃ łydki i stopy, napięte w szpilkach, wyglądają jak podczas orgazmu;

⊃ „przedziałek", między paluchem a resztą stopy, widoczny w wycięciu pantofla dubluje, przedziałek między piersiami, widoczny w dekolcie;

⊃ rytmicznie falujące biodra (plus stukanie fleków) to jawna prowokacja – tzn. facetowi się kojarzy...

Bez względu na powód, kobieta w szpilkach elektryzuje samców.

Jak chodzić krokiem Marilyn Monroe?

Demoniczny chód na wysokich obcasach to kobiece rzemiosło.

Wymaga ćwiczeń, nietrudnych. A potem – wytrwałej praktyki. Grunt to złapać równowagę (trzy czwarte ciężaru ciała spoczywa na palcach – i nie uginaj kolan jak szympans!). Oraz złapać ten hipnotyczny rytm bioder: stukot na posadzce wyjdzie wtedy sam.

Punkt wyjścia to buty: dobrze skonstruowane i wyważone, dopasowane do stopy jak rękawiczka. Optymistycznie załóżmy, iż masz takie cacka. I to gotowe do chodzenia – bo wiele pań zapomina:

⊃ tuż po zakupie rozluźnić but (złap palcami za nosek i cholewkę, energicznie wygnij parę razy – i już nigdy nie będziesz musiała pchać stopy do środka jak siostry Kopciuszka);

⊃ oswoić je i rozchodzić w domu, zanim wyjdzie na miasto.

Teraz usiądź. Nigdy nie wpychaj się w buty na stojąco (oprócz kaloszy)! Nasuń szpilki na stopy, wyprostuj palce, ułóż się wygodnie we wnętrzu. Zaczynamy – wstawaj! – wyprostuj się jak świeczka. Głowa do góry, ramiona w tył! Jakiekolwiek masz zamiary, dokądkolwiek stąd odlecisz – teraz najważniejszy jest biust. Podnieś go rękami od spodu... – o tak, tak właśnie trzeba stać. Brawo!

Ruszamy po linii prostej (idź wzdłuż rzędu klepek czy paneli, nie zbaczaj! Pomyśl, że umiejętność chodzenia po prostej przyda Ci się kiedyś na balu: taki krok z przodu wygląda kulawo, ale z tyłu...). Pełen trans – słuchaj siebie, Twoje ciało wie lepiej niż Ty, o co chodzi!

Małe kroczki... Najpierw obcas – potem palce! Pośladki ściągnięte, a ramiona – idą po bokach. Swobodnie, płynnie, niespiesznie... Nogi w kolanach zginaj lekko – zobacz, jak działa ta machina... poczuj, jak biodra zaczynają się kołysać. Kobieca miednica jest tak skonstruowana, że na szpilkach sama wpada w taniec (ale nie przesadzaj z wykręcaniem pupy, tu nie peep-show!).

141

z Krzysztofem Banaszykiem i Cezarym

Schody w szpilkach

Na stopniach stawiasz tylko noski butów. Obcasy zwisają – już jesteś na górze. Teraz spróbuj zejść – sama znajdź sposób! Wiesz, jak stąpać?! – tak, to oczywiste, prawda?! Więc przetrenuj sztuczki dla zaawansowanych:

🠪 Chód tygrysicy: stopniowo – leniwie – wydłużaj krok... Nie drób stopami, ale idź... Idź na polowanie!

🠪 Miękki chód: stąpając, miękko ocieraj o siebie łydki (ale nie przesadź, bo się przewrócisz!). Ot, pozwól łydkom spotkać się na momencik gdzieś w połowie długości!

🠪 Chód pumy: spróbuj iść, lekko wyrzucając stopę do góry – pumy to stworzenia pod wysokim napięciem... jak Ty!

Świetna zabawa, prawda?

AAA, zapomniałam... Jeszcze odpowiedź na tytułowe pytanie!

Marilyn chodziła miękkim krokiem. Nadto kazała szewcowi skrócić jeden obcas o kilka milimetrów... co podkręciło efekt. Fajne, lecz nie polecam: ludzie to istoty asymetryczne, więc wiele z nas i tak ma nogi różnej długości – o czym nawet nie wie. Daruj sobie chód MM: taki skrócony obcas może Cię narazić (jak moją współautorkę) na uszkodzenie kręgosłupa (który i tak przeżywa ciężkie chwile, kiedy Ty chodzisz w szpilkach...).

JAK PRZYJMOWAĆ KOMPLEMENTY?

Naucz się przyjmować komplementy. Bierz je za dobrą monetę. Gdy mężczyzna mówi „jesteś piękna" – nie oponuj. Wrodzoną skromność i uczciwość schowaj do kieszeni. Nie wyjaśniaj mu (i nie demonstruj!) z goryczą, że masz odstające uszy, jedną nogę krótszą, włosy przesuszone, ubrałaś się w kieckę sprzed trzech lat – a on, mój Boże, jest w błędzie.

A niech sobie będzie w błędzie. Co Ci szkodzi?!

Po wysłuchaniu komplementu zduś więc potok samokrytycznej wymowy. Lepiej zrób pauzę, by wchłonąć ten komplement jak drogi krem… Lepiej uśmiechnij się swobodnie i beztrosko. Powiedz: „dziękuję". (Ech, jaka szkoda, że nie trafiłam na porady Diane Brill dawno temu, kiedy to machałam z niedowierzaniem lub lekceważąco ręką na każdy komplement). Jak masz nastrój, możesz się podroczyć: „O! – jesteś spostrzegawczy!". Bo on też potrzebuje komplementów.

JAK KOMPLEMENTOWAĆ FACETA?

Uwaga! Wyjątkowo ważne!

Facet też człowiek i też ludzkie uczucia ma. Dlatego nie szczędź komplementów pod jego adresem: żaden mężczyzna nie ma dość pochlebstw! Żaden im się nie oprze! Zadaj mu mnóstwo pytań na jego temat. Zupełnie nie mów o sobie (chyba że zapyta, ale wtedy też się nie rozgaduj). Jeżeli nakarmisz go swoim szczerym zachwytem – przestanie dostrzegać inne kobiety. Będzie zdolny jedynie wydukać, że on od lat za

taką właśnie rozmową tęsknił: „mów do mnie jeszcze… słowa twe dziwnie poją i szeleszczą… mów do mnie jeszcze!".

Ale schlebiaj mu inteligentnie. Żeby nie doszedł do wniosku, iż lecisz schematami. Nadawaj zatem pochwałom wymiar indywidualny. Zwróć uwagę na cechy, charakterystyczne tylko i wyłącznie dla niego. Nie mów: „Masz fajne buty" ani „Ładny ten krawat". Powiedz: „Zdumiewające, jak męski jest orli nos, nawet taki lekko zakrzywiony w lewo". Powiedz: „Nie wpadłabym na to, że trampki do garnituru wypadają tak odjazdowo. Ale… może to dlatego, że masz styl!". Powiedz: „Czytałam, że wszedł pan na giełdę jak huragan. A teraz jak na pana patrzę, to wiem, dlaczego tak jest!".

Każdy z nich chce uwierzyć, że jest męski, cudowny, jedyny w swoim rodzaju, najlepszy, wyjątkowy i super!

z Michałem Wiśniewskim

⊃ JAK MU SIE NAGRAĆ?

w poczcie głosowej? (tylko Diane Brill mogła to wymyślić!)

Nawet jeśli masz pewność, że dzwonisz z numeru zastrzeżonego – nigdy nie dzwoń z odkładaniem słuchawki więcej niż jeden raz. Zorientuje się, że to Ty (a jak się nie zorientuje, to jeszcze gorzej... znaczy, że w ogóle o Tobie nie myśli).

Romansowanie wymaga zimnej krwi i refleksu. Więc błyskawicznie się rozluźnij: na sygnał początku nagrania musisz mieć głos kobiety w dobrym nastroju. Postaraj się mówić odrobinę wolniej, troszkę niższym głosem – i tak, jakbyś w myślach hołubiła jakąś słodką tajemnicę. To poruszy w nim instynkt odkrywcy – boć tajemnice wymagają zbadania.

Wiadomość powinna być zwięzła, gdyż żaden facet nie zrozumie za wiele naraz. Unikaj więc zdań złożonych podrzędnie oraz trybu warunkowego. Zdania bezokolicznikowe są za to nieseksowne.

Nigdy nie zostawiaj mu komunikatu w rodzaju „hej, to ja", chyba że już jesteście po ślubie, a z Twojej intonacji jednoznacznie wynika, że to on ma kupić kartofle, etopirynę i to coś do kibla.

⊃ JAK SPROWOKOWAĆ PIERWSZY POCAŁUNEK?

Najpierw się upewnij, że ostatni autobus nie odjeżdża za trzy minuty, bo możesz się nie wyrobić w czasie. Ale najlepiej ten numer wykonać przed własnymi drzwiami (po czym szybko ewakuować się do środka... jego zostawiwszy na wycieraczce!).

Potem powiedz mu coś miłego: że miał kapitalny pomysł ze spacerem. Lub że to była naprawdę owocna narada nad kwartalnym bilansem. Następnie urwij i spuść wzrok... ze zmieszaniem... czy niezdecydowaniem. I znów podnieś na niego oczy... Faceci już w przedszkolu wiedzą, że to zaproszenie do pocałunku.

Ale nie bądź za szybka! Tu i teraz, dla dobra sprawy, to on musi być zwycięzcą! To on musi pierwszy pocałować Ciebie! A Ty masz mu na to łaskawie pozwolić: ot, dopuść, żeby położył usta na Twych wargach i uważał to za sukces! Gdy więc tak stoicie ciało w ciało i myślicie o pocałunku, powietrze już iskrzy seksem. Ale jeszcze można wzmóc

z Rafałem Cieszyńskim

napięcie! Przerwij kontakt wzrokowy (popatrz na jego usta zamiast na oczy – dobrze też robi tajemniczy półuśmiech, przymknięcie własnych oczu i spojrzenie na jego pierś). Trwaj! – czując jego dotyk, jego zapach, objęcia... zupełnie go nie dotykając.

Jego płeć też ma wyobraźnię.

Przeciągaj chwilę tak długo, jak Ci się uda. Wreszcie zatoń w jego oczach i...

Sama wiesz, jak się całować. A jak nie wiesz – to się naucz... bo wiele tracisz!

Rozdział 14

ROMANS Z ŻONATYM

Idziesz ulicą i widzisz, jak rozwrzeszczany bachor terroryzuje własną matkę, rzuca się na chodnik, uniemożliwiając przechodniom przejście. I mówisz sobie tak: „No nie, moje to tak na pewno zachowywać się nie będzie! Niech no tylko spróbuje!". A potem już masz własne dziecko – a ono tak samo wyje, a Ty jesteś tak samo bezradna jak tamta matka. I wreszcie już wiesz, że w życiu nic nie jest takie, jak się wydaje. „Tyle o sobie wiemy, ile nas sprawdzono", pisze poetka Wisława Szymborska. A już na pewno nie warto robić ortodoksyjnych założeń. Wiele więc moich zasad legło w gruzach – ale raz pomyślałam: „może chociaż tę jedną ocalę?!". Nawet chyba się pomodliłam. No i się udało.

Otóż, w liceum wdrukowałam sobie, że wszystko dobre, wszystko dozwolone, póki nie krzywdzi się innego człowieka: „Granica" Zofii Nałkowskiej to bodaj jedyna lektura obowiązkowa, która tak wpłynęła na mój światopogląd. Na tej podstawie – i już po „treningowym" odbiciu chłopaka bliżej nieznanej koleżance – byłam przekonana, że nigdy nie rozbiję żadnego małżeństwa, żadnej kobiecie nie namieszam w życiu. A jednak raz niewiele brakowało.

Mieszkali z żoną osobno, więc nie miałam podstaw podejrzewać, że pan łże, gdy twierdzi, iż z żoną łączy go wyłącznie formalność w USC, do której oboje nie przywiązują już żadnej wagi. Pomieszkiwałam więc u niego. Czułam się wręcz narzeczoną. Do chwili, gdy raz pod jego nieobecność podniosłam słuchawkę. „Halo?!".

Pan okazał się bardzo żonaty. Normalnie mnie oszukał, świadomie i z premedytacją! A do tego, jak się wydało, iż rozmawiałam z żoną pod jego nieobecność, że mleko się wylało, to był zły. Był zły – na mnie, że go wysypałam!...

Mógł być sobie zły, bo już spakowałam walizki. Mam wyjątkowo silny instynkt samozachowawczy. I za jego to sprawą staram się żyć w sposób, który nie rodzi przykrych konsekwencji. Wszystko załatwiam tak, żeby było w miarę łagodnie, a przynajmniej najmniej boleśnie.

„Precz z mego serca! – i serce posłucha!". Nie, to nigdy nie jest proste. Ale akurat wtedy spadł mi z nieba Marek, mój przyszły mąż. Zadzwoniłam natychmiast, że jest już ktoś inny. Było jeszcze parę dramatycznych scen rodem z thrillera: wyłamywanie drzwi i demolka (od tamtej pory nie kolekcjonuję białego szkła), ale już nic nie mogło się zmienić.

„Romans z żonatym" to najbardziej ryzykowny, uzależniający i niszczący układ, w jaki może zaplątać się kobieta.

Lubię zdrowe, jednoznaczne relacje z partnerem, świadomie zaś unikam wszelkich ekstremalnych stanów oraz sytuacji. Wiem też, że nie nadaję się ani do wojny, ani do bezpłodnej szarpaniny czy huśtawek namiętności. Adrenalinę mogę sobie podnosić w wesołym miasteczku, kupując bilet na rollercoaster, bo wiem, że w końcu wysiądę z tej kolejki. Ale jeżeli nie wiem, czy dam radę wysiąść – i w jakim wówczas będę stanie, to… to nie wsiadam, i już. Choćby nie wiem jak mnie ciągnęło, umiem się pohamować. Żeby normalnie funkcjonować, muszę mieć poczucie bezpieczeństwa. Oraz czuć ziemię pod nogami, czyli wiedzieć, co mnie czeka w domu, a przede wszystkim, czy – on czeka.

A do tego dostałam z Nieba prawdziwy dar – szybko się uczę nie tylko na swoich błędach. I nigdy nie zapominam raz przeżytej lekcji. Wystarczy więc, że raz wdepnę w jakieś szambo, aby nigdy więcej mnie nie ciągnęło w niebezpieczne rejony! Dlatego nigdy nie zwiążę się z: narkomanem, alkoholikiem, „psycholem", brutalem albo… żonatym. Z całą pewnością zasługuję na to, by mieć mężczyznę (bez nałogów) na pełną wyłączność i cieszyć się nim oficjalnie.

Zawsze też mnie zdumiewa kobieta, które wiąże się z nałogowcem. Wierzy święcie, że sobie poradzi. Że jej miłość jest tak wielka, że przeniesie góry, nie szkodzi, że poprzednie kobiety zniszczył, tym razem będzie inaczej, dla niej się zmieni. Dla niej przestanie pić! (brać, bić, grać). Happy endy oczywiście się zdarzają. Cuda też. Ale raczej przygotuj się na gehennę, jeśli Twój ukochany jest uzależniony. I to taką ciągnącą się latami. Mnie na to nie stać. A Ciebie?

Związek dwojga ludzi, codzienność we dwoje sama w sobie nie jest łatwa. Wymaga docierania się, kompromisów z obu stron. Umiejętności słuchania siebie nawzajem i dobrej woli, empatii, by rozumieć racje drugiej strony. Dlatego tym bardziej miłość musi być zdrowa! A ciężar wzajemnej odpowiedzialności za siebie prawidłowo zważony. Kobieta i mężczyzna muszą też być partnerami – suwerennymi podmiotami, które chcą ze sobą żyć z wolnego wyboru, świadomi swoich wad… Nie ma zaś mowy o tym, aby ktoś grał rolę podnóżka albo dominował. Wykluczone!

Oczywiście sytuacja wygląda zupełnie inaczej, jeśli Twój partner wpada w pułapkę nałogu już w trakcie trwania waszego związku. Wtedy oczywiście nie możesz zwinąć swoich zabawek i po prostu odejść, niech sobie sam radzi. W terminie „konstruktywny egoizm" zawsze stawiaj akcent na „konstruktywny". Masz obowiązek zrobić wszystko, aby pomóc bliskiemu człowiekowi. Jak bardzo? Jak długo? Tego nie wiem, poszukaj specjalistów, grup wsparcia, tam mają doświadczenie i pomogą z kolei Tobie.

Powiesz, że łatwo się tak mądrzyć, łatwo formułować surowe sądy, gdy się samemu nie tkwi w żadnym nałogu? Odpowiem, że owszem – jest w tym jakaś drobna racja.

Nie stosuję używek: mój organizm odmawia współpracy na tym polu. I tak, nigdy nie urwał mi się film, bo te parę razy, kiedy nadużyłam alkoholu, kończyłam

*Gwiazdorska Ruletka,
hotel Mariott*

niezbyt romantycznie w łazience, nad muszlą klozetową. Wcześniej się zatruwam, niż upijam. A wino? Trzecia lampka wina już mi nie smakuje, a potem od razu mam kaca. Jedynie prawdziwy szampan na piętnaście, trzydzieści minut daje mi wesoły nastrój, no ale ile można pić szampana?! Papierosy w większej ilości też mi szkodzą, chrypię i kaszlę, popalam więc jedynie na imprezach, czasem też w nerwach sięgam po papierosa. Z narkotykami nie mam kontaktu. Marihuana nie poprawia mi humoru, wręcz przeciwnie, dołuje. Ja nawet nocy porządnie nie mogę zarywać, żeby hucznie balować, bo dochodzę potem do siebie ze dwa dni!

Przy takim organizmie jak mój doprawdy trudno się stoczyć. Na hazard też jestem za rozsądna. Dwa razy przegrałam, w sumie może... ze sto złotych. Ale przecież najważniejsze jest to, że mam obsesję niezależności, w niezależności obojga partnerów upatruję gwarancji udanego, zrównoważonego związku. Takiego, w którym można pielęgnować higienę psychiczną i kwitnąć urodą. I że dosłownie nie wyobrażam sobie sytuacji, w której ja wiszę na swoim facecie, albo, jeszcze gorzej, on wisi na mnie. To dotyczy każdej płaszczyzny wspólnego życia, na czele z finansową. W tej kwestii szczególnie potrzebna jest niezależność, gdyż w naszej kulturze pieniądze po cichutku wytyczają wiele małżeńskich relacji... Więc gdy trwasz w toksycznym związku, własne pieniądze są na pewno kluczami do wolności, ale i na co dzień, w najzwyklejszym związku, chcąc nie chcąc wyznaczają Twoją pozycję w rodzinie.

Moja teściowa przez pierwsze lata małżeństwa nie pracowała. Zajmowała się domem, jak przystało na żonę górnika: na okrągło pucowała szyby i klamki, zajmowała się dzieckiem, a teść po powrocie z kopalni nie kiwał nawet palcem. Podawała mu kapcie i obiad pod nos. Do tej pory, jeżeli brakuje sztućców przy nakryciu – zamiast osobiście sięgnąć do szuflady, do której są dwa, trzy metry – głośno woła: „Oj babciu, babciu, opuszczasz się!".

Po pewnym czasie teściowa wcieliła w życie scenariusz filmu „Irena do domu". Po cichu – i bez zgody męża – poszła do pracy. Na razie w barze mlecznym. A ponieważ nie miała już tyle czasu na gotowanie, często teść był karmiony dosmaczonymi potrawami z baru. Nie zauważył różnicy. Kiedy jednak położyła na stole swój zarobek – zatkało go. Odtąd odnosił się do żony z większym szacunkiem, a i jej poczucie własnej wartości wzrosło.

Już wspomniałam, że potrafię wyrzucić faceta z serca, chociaż to nieludzko boli (ale krócej niż nieudany związek ciągnący się latami). Miałam zaś okazję to przetrenować, bo wprawdzie parokrotnie ja kogoś rzuciłam... ale i mnie porzucano. Polecam chirurgiczne cięcia: zęby w ścianę! Kajdankami przykuj się do kaloryfera tak, żebyś nie mogła dosięgnąć do słuchawki. To również najlepszy sposób, żeby wrócił. Daj mu szansę, żeby mu Ciebie zabrakło, żeby zatęsknił! Lepiej zniknąć i dać czas – sobie, jemu, obojgu... Poczekać. Może też nie wrócić, bo już kocha inną, ale przynajmniej doceni siłę Twego charakteru. Godność, moja droga, godność nade wszystko!

I jeszcze jedna rada. Wyznacz sobie czas, który dajesz sobie i jemu na powrót. Czas, w którym podskakujesz na każdy dźwięk dzwonka telefonu, kiedy serce bije jak oszalałe na pukanie do drzwi. Można się wykończyć, co? Zastanów się, jak długo to wytrzymasz; tydzień, miesiąc, pół roku? Ja oceniałam swoją wytrzymałość najdłużej na dwa tygodnie. I ani sekundy dłużej! A potem, gdy upływała wyznaczona data, wstawałam na nogi. Rzucałam się na robotę, w towarzystwo, żeby nie było ani chwili samotnej, bez zajęcia – był to zawsze tryumf silnej woli nad rozpaczą. To działało – miałam dowód, że potrafię żyć sama, bez niego!

⊃ JAK PIELĘGNOWAĆ ZDROWY ZWIĄZEK Z FACETEM?

Nie zapominaj o filozofii konstruktywnego egoizmu (patrz – str. 46). Bo facet musi wiedzieć, że Ty stanowisz jego punkt odniesienia. Ale pamiętaj: ta filozofia nie zakłada jego krzywdy lub przykrości. Wręcz przeciwnie! – gwarantuje facetowi aktywne wsparcie psychiczne: Twoje miłe i przyjemne obejście, a także poczucie stabilizacji... i sukcesu.

⊃ Doceniaj to, co robi dla Ciebie, dla domu, dla świata (w pracy): bądź na bieżąco z jego sprawami, podkreślaj wszystkie jego zasługi, zauważaj jego pomysły – i nie odbieraj mu ich autorstwa, chwal go!

⊃ Na bieżąco załatwiaj wszystkie nieporozumienia. Konstruktywnie: żeby nie zalegały po kątach ani się nie kumulowały.

⊃ Przykładaj właściwą miarę do rzeczy: wiem, że drobiazgi wytrącają Cię z równowagi, ale to naprawdę tylko drobiazgi! Taktownie i delikatnie walcz ze skarpetkami na podłodze w sypialni, ale nie pozwól, by niezamknięta klapa od sedesu miała wpływ na jakość waszego pożycia.

⊃ BHP SEKUTNICY

Nie znoszę i nie potrafię się kłócić. Ale są tacy, którzy uważają, że dobra kłótnia, i w porę, nie jest zła. Pozwala wyczyścić złogi emocji, które niezauważenie się odkładają w jelitach każdego, nawet najlepszego związku. Na pewno nie opłaca się kłócić, jeśli uznałaś, że nadszedł czas rozstania – wszak wymiana argumentów powinna być konstruktywna, więc celem konfrontacji stanowisk jest zmiana niezadowalającej sytuacji na lepszą, czyli jej poprawa. A oto zasady etykiety zdrowej kłótni: po co nadaremnie szarpać nerwy?!

⊃ Nigdy nie stosuj groźby porzucenia, żeby zmusić partnera, by uległ Twoim racjom (innymi słowy – nie szantażuj emocjonalnie), bo możesz sobie fatalnie nagrabić. Wypowiedzi „No to rozstańmy się", „Oj, bo sobie pójdę", „Biorę rozwód", „Koniec z naszą przyjaźnią" podkopują zaufanie i bliskość. Przy jakkolwiek zasugerowanej czy wyartykułowanej groźbie porzucenia od razu powstaje założenie, że odtąd macie dwa osobne interesy – a nie ten jeden wspólny: odnaleźć porozumienie i żyć szczęśliwie dalej. Takie wypowiedzi mogą także partnera otworzyć na możliwość rozstania... I po co Ci to?!

⊃ Kłóć się osobno o każdą rzecz (innymi słowy – nie wywlekaj swoich krzywd zaznanych przez i od niego od czasów Adama i Ewy). Tu i teraz nie jest ważne, że w zeszłym roku zgubił narty, a na imieninach Zośki się upił, jeżeli kłócisz się o to, że nie kupił cebuli. To nie jest licytacja, ile kto wycierpiał w tym związku (bo możesz być pewna, on też Ci wygarnie wszystkie Twoje zaniedbania, które sobie przypomni), ale próba wyjaśnienia sprawy, co z tą cebulą. Każdą ze spraw, która się ewentualnie pojawi podczas kłótni, najlepiej sobie zapisać – i wyjaśnić przy innej okazji.

⊃ Nie poniżaj siebie w czasie kłótni – to znaczy nie komentuj wydarzeń, nawet ironicznie, w sposób dla siebie niepochlebny. Odpadają uwagi typu: „Ale ze mnie małpa niegodziwa", „Nie nadaję się na żonę" itd. Takie uwagi rozmywają ten konkretny problem, który was skłócił... Pokazują Twoją niewłaściwą samoocenę, którą, i owszem, na pewno trzeba zreperować, ale podczas kłótni nie ma na to czasu i miejsca. Nie osiągniesz swojego celu – nie załatwisz sprawy, gdy się skupicie na reanimacji Twojego samopoczucia.

⊃ Nie stosuj przemocy fizycznej ani emocjonalnej – czyli nie zastraszaj, nie przerażaj, nie przenoś pola walki, bo uwaga partnera skupi się tylko na tym, żeby przetrwać, a nie na tym, żeby znaleźć z Tobą porozumienie. Zgubisz sens tej kłótni, kiedy zaczniesz go lżyć czy walić w niego talerzami. Nie myl kłótni z rozładowaniem gwałtownych emocji, które Ci trudno kontrolować!

⊃ Nie podważaj uczuć i postrzegania partnera – czyli wykreśl ze słownika kwestie: „Sam nie wiesz, co mówisz", „Jak śmiesz tak myśleć", „Tak ci się tylko wydaje". Nie wolno drugiemu człowiekowi mówić, że jego uczucia są fałszywe. Można wielu rzeczy nie rozumieć, a nawet nie akceptować – ale trzeba je uszanować (dopóki nie łamią prawa). Celem kłótni wcale nie powinno być przekonanie drugiej osoby – lub wręcz jej zmuszenie – do podzielania naszego poglądu. Wystarczy, że oboje uznacie, iż każdemu wolno czuć i myśleć swoje...

⊃ Można robić przerwy – czasem nie rozwiąże się sprawy za jednym zamachem, więc zatrzymywanie kogoś w pokoju lub przy słuchawce odnosi skutek odwrotny do zamierzonego. Czasem trzeba się zastanowić w spokoju i samotności, co z tym fantem zrobić, oczyścić problem z sytuacyjnych emocji – może się tymczasem okazać, że z dużej chmury pada mały deszcz... Nie ma o co się kłócić. Ale kiedy robicie przerwę, trzeba jednoznacznie ustalić czas powrotu do tematu i nie uciekać od kontynuacji, gdy nadszedł umówiony termin.

⊃ Słuchaj drugiej osoby – na pewno nieraz odniosłaś wrażenie, że partner Cię nie słucha, zajęty własnymi myślami na inne tematy albo obmyślaniem swojego z kolei monologu – bo przecież nie odpowiedzi na Twoje argumenty. Na pewno też nieraz Ci przerywano, nie pozwalając wypowiedzieć się do końca. Zatem wiesz, że to przykre, nie próbuj sama zagadać, przekrzyczeć ani nie zlekceważ partnera: on też ma prawo powiedzieć swoje, choćby było najgłupsze. Cierpliwości i szacunku!

⊃ JAK Z NIM ZERWAĆ?

Zerwać trzeba fair. I z klasą: na pewno nie przez telefon. I raczej nie listownie. Usiądź z nim zatem i krótko wytłumacz, że serce nie sługa: on jest wspaniały, czarujący i odlotowy, ale tamten ma w sobie magnes i... Chwileczkę...

A co jeśli to nie Ty zrywasz, tylko On? I wcale Ci się to nie podoba? Jesteś zdezorientowana, bo nic nie zapowiadało katastrofy. Ha! Nie licz na to, że dowiesz się, o co chodzi. Mężczyźni w przeważającej większości to tchórze, którzy „nie chcąc Ci zrobić przykrości", będą kluczyć, robić uniki. Nie przyjdzie facetowi do głowy, że jeśli powie Ci wprost (choćby brutalnie), że jest już z inną, daje Ci szansę na szybsze przeżycie żałoby i stanięcie na nogi. Zamiast tego teksty w stylu: odpocznijmy od siebie, rozstańmy się na czas jakiś, by przemyśleć pewne sprawy... Jeśli nie wiesz, o co chodzi, możesz właściwie być pewna: chodzi o inną kobietę. Takie jest życie i już! Natomiast co, jeśli to się zdarza kolejny raz? Kolejny ON odchodzi niespodziewanie, bez dania racji? Zanim się kompletnie załamiesz, kochana, przyjrzyj się opisanym poniżej, choć przyznaję, karykaturalnie (nie mogłam się powstrzymać) typom kobiet, które zwykle odstraszają mężczyzn. Czy aby niechcący, wcale o tym nie wiedząc, nie wpisujesz się w któryś ze stereotypów?

Słodka idiotka

Słodka idiotka wymaga przesady. Przyklej sobie długie tipsy. Grubo pomaluj rzęsy (a jeszcze lepiej – przyklej). Usta machnij jaskrawą czerwienią.

Farbować na blond się nie musisz, i bez tego wcielisz się w stereotyp.

Ubierz się w krótkie mini, bardzo wysokie obcasy i obcisły sweterek. (Jeśli jesteś w dojrzalszym wieku, swoje zrobi przyciasny sweterek z dużą ilością ozdób: łańcuchy, cekiny). I – najtrudniejsze: mów BARDZO głośno. W każdej sytuacji. I często wybuchaj perlistym śmiechem. Nawet (czyli – zwłaszcza) w kościele i na rybach...

Pisząc „kościół", mam na myśli każdy męski azyl, każde działanie, które Twój facet traktuje śmiertelnie poważnie. Zatruj mu święty spokój w warsztacie, gdzie majsterkuje, stercz nad głową podczas losowania multilotka (pod pozorem, że zaraz będą losować Twój Numerek), przerywaj jego rozmowy o polityce i piłce nożnej z innymi facetami.

Mów byle co. Ale najlepiej – bzdury. Kompromituj go. Poruszaj też w towarzystwie sprawy intymne. Niech nigdy nie będzie pewien, co palniesz. W przerwach rozważaj, czy aby nie jesteś w ciąży – i roztkliwiaj się nad hipotetycznym bobaskiem, którego wkrótce urodzisz. Albo pytaj, kiedy wreszcie on zacznie zarabiać – bo pierwsze dziecko prosi się o drugie: a razem oznaczają dozgonne zobowiązanie.

Aha, totalnie zalergizuj na siebie jego matkę: niech dostaje pokrzywki na Twój głos w słuchawce. A ślady tej czerwonej szminki zostawiaj na kuchennym szkle i szybie, jego koszulach oraz szyi, w miarę potrzeby (w strategicznych punktach ciała) na jego kolegach. Braki szminki uzupełniaj przy byle okazji... lecz najlepiej, gdy on się gdzieś spieszy.

Drugi wariant słodkiej idiotki: „jestem taka mała". Ten patent budzi uczucia opiekuńcze, więc świetnie Ci posłuży do podrywu. (Uwaga, wymaga dramatycznego wyczucia. Tutaj przesada – niewskazana...).

Buzia w ciup, dużo westchnień, lekki trzepot rzęsami i bezbronność w oku – to sugestie, iż sobie w życiu nie poradzisz, jeżeli nie obejmie pieczy nad Tobą silny mężczyzna. Raz czy dwa (ale nie więcej, bo go odstraszysz!) ukaż też zaszklone łzą oko. (Aktorzy to mają dobrze! – mają mentol w sztyfcie. Jak go przyłożyć do oka – to okropnie szczypie. W kasetce charakteryzatorki są też sztuczne łzy na glicerynie... Ale Ty jesteś zdolna – poradzisz sobie i bez tego!).

Żeby wyczerpać temat, dodam, że ten emocjonalny chwyt najczęściej stosują faceci. Bo to sposób na kobietę!... Kiedy więc partner bezradnie zagląda do szaf i z rozpaczą mówi: „Kochanie, zupełnie nie wiem, gdzie położyłaś moje skarpety" – to wiedz, że struga „słodkiego idiotę". Nie dawaj się brać na te plewy, ale wykorzystaj jego talent do załatwiania spraw. Jak taki wpadnie do urzędniczki, od której coś zależy – i zacznie

fotos z „In flagranti", Teatr Syrena

bezradnie się kręcić... i powtarzać ze szczerym przekonaniem: „Ja bez pani zginę!" – to załatwi wszystko. No wiesz, uczucia macierzyńskie...

Wredna suka

Wredna suka nigdy się nie uśmiecha i o wszystko ma pretensje. Publicznie upokarza: może się z niego wyśmiewać, wywlekać zaszłości, poruszać sprawy seksualne lub robić awantury przy osobach trzecich. Ona się nie przejmuje niczym (publiką też) – na pewno nie ma ludzkich uczuć.

Jest skwaszona. A jak się uśmiecha (rzadko), to wyłącznie cynicznie lub kwaśno. Może się także uśmiechać interesownie... a wtedy jest już słodziutka jak sacharyna: mdli na sam jej widok.

Wredna suka nie uprawia z nim seksu, bo on się do tego nie nadaje – zawsze go pyta okrutnie: co też on niby ma do zaproponowania? Żaden normalny facet nie ma wtedy nic do zaproponowania, tylko masochista.

Rozlazła dziumdzia (oraz fleja)?

Nie jest kompanem do niczego: najchętniej by siedziała w domu, najlepiej w pidżamie, przez cały dzień. I jadła chipsy przed telewizorem, krusząc wszędzie wokół siebie.

W tym wcieleniu nie wolno Ci sprzątać, gary muszą być koniecznie co najmniej z trzech dni, inaczej utracisz wiarygodność jako dziumdzia (oraz fleja).

Na wszystkie sugestie, żeby się wzięła w garść, lub na propozycje rozrywek – reaguje płaczliwie. Ponadto ma ciągle okres. Na zmianę z migreną (albo oba dopusty spadają na nią naraz – choć też bywa, że bolą ją zęby).

⊃ DEPILACJA

Kobieta-sarna. Jakie masz skojarzenia? – raczej miłe: łagodny charakter, wielkie, bezbronne oczy. Tymczasem Piotr Gąsowski nazywa tak kobiety z bujnym owłosieniem na nogach. I w dodatku twierdzi, że to całkiem ponętne!!!

No cóż, de gustibus... Ale ja Cię proszę: Ty walcz, jak ja walczę, z tą WYBITNIE SZPECĄCĄ spuścizną po jaskiniowcach na nogach, pod pachami i na bikini! Na pewno świetnie sama wiesz, jak to robić (można mechanicznie lub chemicznie – kremami), ja dzielę się więc z Tobą epokowym odkryciem, którym jest:

⊃ FOTODEPILACJA

Absolutnie genialna metoda! Prawie bezbolesna (choć niezbyt przyjemna).

Czymś w rodzaju myszki do komputera kosmetyczka przyciska ci miejsce przy miejscu, w okolicach bikini i pod pachami (lub gdzie chcesz) – i po półgodzinie na trzy, cztery miesiące masz spokój. Potem – nie wszystkie włoski odrastają... I po paru razach jest spokój na wieki!

⊃ WALCZ Z CELLULITEM!

Cellulit to coś w rodzaju podskórnego zatrucia toksynami i głębokiego, przewlekłego, również podskórnego zapalenia, które wypełza na wierzch – i rozlewa się po skórze w fazach silnego stresu.

Na cellulit nie ma mocnych, jest związany także z wiekiem i ze sprawami hormonalnymi. Już, już myślałam, że mnie ten problem nie dotyczy, aż w końcu i mnie dopadł. Na udach. Wcale mnie nie pociesza, że pomarańczową skórkę ma 80% kobiet w różnych okresach ich życia; walczę więc, jak mogę, głównie w gabinetach kosmetycznych (endermologia i mezoterapia: str. 42), choć i w domu zawsze jakieś preparaty sobie wmasowuję.

Szczotkowanie nimfy – miękką, ale sprężystą szczotką szczotkuj na sucho całe nogi, od podeszew stóp, przez łydki, uda, pośladki i biodra. Ponoć to pobudza krążenie limfy oraz złuszcza martwy naskórek – i skóra staje się gładka oraz lśniąca. Zaawansowany cellulit wymaga kilkunastu minut codziennej terapii. Potem weź chłodny prysznic i wmasuj w skórę preparat na cellulit.

Szukam wolontariusza – zbyt mocny i ugniatający masaż według najnowszych koncepcji jest uważany za szkodliwy. Natomiast łagodny i dokładny pobudza krążenie, wzmaga też przenikanie kremów na cellulit. Pracuj (albo kogoś o to poproś) dziesięć minut dziennie nad każdą nogą, szczególnie zwracając uwagę na uda. Chwytaj ciało, delikatnie unoś je do góry, posuwając się okrężnymi ruchami. Zakończ masaż głaskaniem nogi „pod włos" całą dłonią.

Schwarzenegger na prezydenta – odpuść forsowne ćwiczenia na muskulaturę nóg. Te ćwiczenia mogą pogorszyć sprawę..., bo jak przesuną porozrywaną tkankę tłuszczową bliżej powierzchni skóry, to będzie bardziej widoczna i wyczuwalna.

Skoncentruj się za to na gimnastyce japiszonów: intensywny marsz na bieżni ruchomej, ćwiczenia na steperze, jazda na rowerze (również stacjonarnym) i skoki ze skakanką.

⊃ ROZSTĘPY

Rozstępów mam (szczęśliwie) niewiele – na pośladkach. Miałam je zawsze (pewnie za szybko urosłam), a ciąża nie dorzuciła mi nowych, ponieważ stanowczo wzięłam się za profilaktykę. (Nawet zbyt intensywną, ponieważ nie tylko stosowałam kremy zapobiegające rozstępom, lecz także zafundowałam sobie masaże. Filip już biegał, gdy inny masażysta mi powiedział, że w ciąży brzucha masować nie wolno, masaże mogą sprowokować skurcze – miałam więc szczęście, że nic mi się nie stało).

Większość kobiet płaci rozstępami za dziecko oraz za nagłą otyłość. Jesteś więc w grupie ryzyka (bez względu na wiek), jeżeli należysz do tych osób, które szukają pociechy w lodówce – i tyją w fazie wzrostu, stresu lub wtedy, gdy czują, że nie są kochane... A jeżeli tak jest, i jeżeli już ostro ruszyłaś z wagą – nie czekaj, aż popęka Ci skóra! Już wcieraj kremy przeciwko rozstępom i regularnie szczotkuj biust, brzuch, uda i pośladki odpowiednią szczotką! – zanim dojdzie do złego...

Podobno już wynaleziono skuteczny środek na rozstępy: kosmetyki z czystym krzemem i wyciągami ze skrzypu. Jeszcze nie wypróbowałam – ale może Ty już?

TOTALNY EFEKT

Widoczny już po jednym zabiegu. Na zakończenie wizyty – wyrafinowany, elegancki makijaż. Zmysłowe, supermodne ciemne usta, eye-liner i mocno wytuszowane rzęsy.

Makijaż: Pierre Nicolas dla Diora
Podkład Dior Skin Éclat Satin 200. Róż Dior Blush 733, 853. Kredka do brwi Crayon à Sourcils 453. Cienie do powiek: paleta 5 Couleurs 880, pojedyncze 078, 929. Kredka do oczu Crayon Khôl 007, eye-liner Style Liner czarny. Tusz czarny Dior Show. Szminka Dior Rouge 91. Konturówka Crayon Contour Lèvres 973. Błyszczyk Dior Addict Ultra Gloss 851. Puder Dior Show Powder 007

Zdjęcia wykonano w Instytucie Diora w Warszawie

Rozdział 15

CZŁOWIEK DO WYNAJĘCIA

Aktor musi wierzyć, że to, co robi, ma sens. Ale nigdy nie może być do końca pewien, czy rola, którą zbudował i proponuje widzowi, zostanie przez tego widza zaakceptowana, czy widz w nią uwierzy. Nic nie jest obiektywne, nie ma tego jak zmierzyć, zważyć czy zweryfikować. O gustach nikt nie dyskutuje, jednym się ten wykonawca podoba, a innym nie, i nic na to nie można poradzić. Dlatego w ten zawód są wpisane frustracja i zwątpienie. W którymś momencie postanowiłam okiełznać i te niszczące uczucia. Pomyślałam, że póki mam propozycje pracy, póki dzwoni telefon w sprawach zawodowych, to znaczy, że ktoś mnie jednak chce oglądać, znaczy jest dobrze. Nie skupiam się już na tym, że wolałabym pracować z reżyserem X, a tymczasem pracuję z Y. Czy też, że teraz idealnie byłoby zagrać Lady Makbet, a tymczasem dostaję rolę w farsie. Bo świetnie pamiętam, jak marzyłam, żeby się wyzwolić ze stereotypu, szufladki postaci miłych, ciepłych, dobrych i szlachetnych. Jak cieszyłam się z epizodziku w „Prostytutkach", gdzie dostałam rolę brzydkiej, wrzaskliwej i pazernej właścicielki mieszkania, która gnębi swoje lokatorki. Pamiętam, jak byłam wdzięczna Barbarze Borys-Damięckiej, która pierwsza zaproponowała mi zagranie roli ostro komediowej. Postanowiłam cieszyć się tym, co mam, a nie frustrować tym, czego mi brakuje! Tym bardziej że dopiero w dojrzałym wieku zaczęłam robić tzw. karierę – wbrew ogólnej opinii, że w tym fachu kobiety szansę mają w młodości, a potem już jest coraz gorzej – zwyczajnie, brakuje ról dla aktorek w wieku średnim. Odkąd pojawił się w naszym kraju gatunek telenoweli, ta sytuacja szczęśliwie się zmieniła. Ale na początku mało który dbający o opinię aktor podejmował się grania w telenowelach. Wahałam się zatem, kiedy dostałam propozycję zagrania roli pani psycholog w „Klanie" (wątek Grażynki i Rysia, którzy mieli problem z adoptowanym dzieckiem). „To tylko trzy dni, nikt nie zauważy", pomyślałam, bo zarobić parę złotych zawsze się przyda. Aż tu nagle im się spodobało, wątek został pociągnięty dalej, tak że zagościłam w domach telewidzów na pół roku. Wtedy po raz pierwszy poznałam siłę małego ekranu. Ludzie zaczęli mi na ulicy mówić „dzień dobry", zakłopotana, bo ktoś mi się kłania, a ja tej twarzy nie kojarzę, mam wyrzuty sumienia, że zapominam znajomych. Kiedyś nie wytrzymałam: „Przepraszam, skąd my się znamy?". „Jak to skąd? Z telewizji!". „A no tak! Bardzo przepraszam! Nie poznałam w pierwszej chwili!" – łżę w żywe oczy, bo jestem pewna, że mam przed sobą kogoś z ekipy technicznej, z którą pracowałam. Nie chcę człowiekowi sprawić przykrości... I dopiero po dłuższej chwili pukam się w głowę: „Klan"! To był widz! On mnie zna, ja go nie! Uff! A potem już się przyzwyczaiłam.

Aktorzy dzielą się na tych, którzy uprawiają sztukę przez wielkie „S" (albo do niej aspirują) – i resztę. Mało jest tak wszechstronnych aktorów jak na przykład Jan Frycz, który jest znakomity i w rolach dramatycznych, i w komediach, a i na estradzie zabawny monolog też lekko i z polotem trzaśnie.

Ci aktorzy, od tej lekkiej i tej poważnej muzy, prawią sobie nawzajem złośliwości (najczęściej zaocznie) i posyłają lekko pogardliwe uśmieszki. Ci od Sztuki z góry traktują tych od rozrywki. A „estradowcy" naśmiewają się z nawiedzonych inscenizacji: „Ach, to ten teatr, gdzie Artyści biegają z«fiutami» na wierzchu?". „A co ty, chałturnik, możesz wiedzieć o prawdziwym teatrze?". „To wejdźno, Artysto, sam jeden na scenę i zainteresuj sobą trzy tysiące ludzi. No, porwij ich!". „A po co? Wolę zdechnąć z głodu niż ze wstydu!". I tak trwa niekończąca się wymiana zdań. Jak dzieci, no dosłownie, jak dzieci!! Bo tak sobie myślę, że każdy robi, co chce, co lubi i co umie, więc po co te pretensje do kogoś, że lubi i umie coś zupełnie innego?

Ja jestem człowiekiem do wynajęcia, otwartym na propozycje. I jestem wdzięczna, że te propozycje są. Oczywiście, jestem tego warta, by były wspaniałe, ale nie będę wygrażać pięścią niebu ani światu, gdyby ich zabrakło (puk, puk, w niemalowane). Mam nadzieję, że najszybciej, jak by to było możliwe, zabrałabym się do czegoś innego.

z Piotrem Gąsowskim

Rozdział 16

PIENIĄDZE SZCZĘŚCIE DAJĄ!

Zawsze kusząca wydawała mi się sfera biznesowa. Sfera także kreatywna, ale jakże konkretna. Wymierna, w przeciwieństwie do uprawianego przeze mnie zawodu. Odbudowując poczucie bezpieczeństwa, które zawaliło mi się po śmierci Marka, wiedziałam, że kolosalne znaczenie ma dla mnie bezpieczeństwo finansowe. Zwłaszcza zaś postanowiłam nie liczyć na system ubezpieczeń społecznych, który, jak wiadomo, może się załamać w każdej chwili. (Nie wiedziałaś? Natychmiast zainteresuj się swoimi perspektywami na przyszłość, bo możesz gorzko kiedyś żałować swej niefrasobliwości). Przez tych naście już lat nauczyłam się oszczędzać. Stale też staram się rozwijać coś, co Robert T. Kiyosaki

(nazywany nauczycielem szkoły milionerów) określa jako inteligencję finansową. Polega ona na aktywnym szukaniu nowych możliwości pomnażania pieniędzy. Wiadomo, że lokata bankowa jest najbezpieczniejszym, ale też najmniej lukratywnym sposobem „aktywizowania" naszych oszczędności. Parę razy w tych moich poszukiwaniach poniosłam sromotną klęskę. Największą wtedy, kiedy kupiłam akcje Elektrimu po niespełna 70 złotych, a sprzedałam po 2,50. Jaka piękna katastrofa! Nie zrezygnowałam wtedy z giełdy, ale powierzyłam swoje pieniądze fachowcom (mam nadzieję) z funduszy inwestycyjnych. Odkryłam też dla siebie rynek nieruchomości. Kredyty hipoteczne to ciągle najtańszy (najniżej oprocentowany) pieniądz na rynku. Nic Ci to nie mówi? Myślisz, że to nie dla Ciebie? Bo się na tym nie znasz? Nikt się nie zna, kochana! W tym sęk, że mimo wielu lat nauki w szkołach i publicznych, i prywatnych nikt nie uczy o pieniądzach, aby wiedzieć, jak w przyszłości osiągnąć finansowy sukces. Koniecznie sięgnij po książki wspomnianego już Kiyosakiego. W ogóle szukaj lektur. Rozwijaj się! Dowiesz się, że to pieniądze powinny pracować dla Ciebie, a nie Ty dla pieniędzy. A przede wszystkim, że nie trzeba mieć wielkich dochodów, aby stać się bogatym. Ale trzeba zrozumieć, co to są aktywa i pasywa, trzeba dowiedzieć się, jak działają pieniądze. I ani mi się waż mówić, że jesteś na to za głupia! Jak w każdej innej dziedzinie życia, wiara we własne możliwości to podstawa! Jeśli jesteś pewna, że nadal chcesz należeć do Klubu Pielęgnujących Biedę (patrz str. 24) dalej mów „nie stać mnie", zamiast „jak mogę to osiągnąć?". Zrozum, gdy mówisz „nie stać mnie", Twój mózg przestaje pracować. Stawiając pytanie „jak mogę to osiągnąć?", zaprzęgasz swój mózg do pracy. Można to przyrównać do różnicy pomiędzy osobą, która regularnie chodzi ćwiczyć na siłownię, a osobą, która siedzi na kanapie, oglądając telewizję. Właściwe ćwiczenia fizyczne zwiększają nasze szanse na zdrowie, a właściwa gimnastyka umysłu zwiększa nasze szanse na majątek. Lenistwo pomniejsza więc jedno i drugie: zdrowie i majątek. Pamiętaj! Pieniądze szczęście dają! Nie dlatego, że stać Cię na drogi samochód, piękne meble, willę z basenem i jacht. To są wygody, to są przyjemności. (Ale to są też pasywa! Te zabawki dla dorosłych nie generują dochodu, ale go zjadają! – Jak? To porównaj na przykład, jakie ubezpieczenie zapłacisz za citroena C4, a jakie za porsche carrera). Szczęście, jakie dają pieniądze (zgromadzone w aktywach), to spokój, bo nie musisz się martwić, czy wystarczy do pierwszego, drżeć, kiedy szef krzywo na Ciebie patrzy, bo też nic strasznego się nie stanie, gdy stracisz pracę – po prostu spokojnie poszukasz innej, takiej, która da Ci mnóstwo przyjemności. A kiedy (tfu, tfu przez lewe ramię) zachorujesz, nie jesteś skazana na czekanie w wielomiesięcznej kolejce do lekarza. A przyjemności i zabawki też Ci się należą. Jak najbardziej! Tylko niech to Twoje pieniądze, Twoje aktywa na nie zarobią. Myśl! I trochę więcej cierpliwości! Nie powiem Ci, jak „robić" pieniądze. Nie czuję się wystarczająco kompetentna. Sama poszukaj sposobu, jak budować swoje aktywa. A ja trzymam za Ciebie kciuki!

Rozdział 17

PLUSY I MINUSY GWIAZDORSTWA

Bardzo pouczające było dla mnie święto któregoś z katowickich centrów handlowych, na które mnie zaproszono. Jednym z punktów programu były „Zakupy z gwiazdą". Polegały one na tym, że „gwiazda" losowała wypełnione wcześniej przez klientów kupony, a wylosowana osoba dostawała w nagrodę bon o wartości 350 złotych na zakupy w określonym sklepie. W zakupach „gwiazda" również pomagała… Dla Pani z córką wylosowałam bon do perfumerii. Widząc ich zdezorientowane miny, kiedy tak kręciły się bezradnie wśród półek, zaproponowałam:

„Te pieniądze spadły pani jak z nieba… Może kupi pani coś, czego normalnie by pani nie kupiła?! Jakiś luksus, może dobry krem?". No i prowadzę Panią Mamę do półki, na której widzę (wcale niedrogie) kosmetyki renomowanej firmy Olay. Zdejmuję pudełeczka kremu przeciwzmarszczkowego Regenerist na dzień i na noc z półki (wiem, co robię, bo znam te kremy) i podaję pani. Ona patrzy na cenę i prawie odrzuca krem w moją stronę. Odwraca się na pięcie, a po piętnastu minutach wraca z pełnym koszykiem kremów, perfum, tuszów do rzęs dla mamy, dla córki i jeszcze dla męża na imieniny. A ja stoję oniemiała, do niczego niepotrzebna. Nie miałam pojęcia, że tak się można obłowić za jedyne 350 zł. Ale byłam też zadowolona, że pani okazała się asertywna i nie uległa mojej radzie. Że wykorzystała swoją życiową okazję w najwłaściwszy dla siebie sposób.

À propos kosmetyków Olay. Jestem ambasadorem tej marki. A także bielizny Chantelle. To są przyjemności niebywałe, takie ambasadorowanie! Bo obowiązkiem ambasadora jest przede wszystkim zapoznanie się z produktami danej marki. W praktyce oznacza to, że masz na półce w łazience gustowne opakowania bardzo dobrych kremów, tonikóW, zmywaczy do twarzy (moim ulubionym produktem Olay są lekko szorstkie, suche chusteczki, które pod wodą się pienią substancją wspaniale zmywającą najgrubszą nawet teatralną „tapetę") i wcale nie musisz ich reklamować! Od czasu do czasu, kiedy na rynek wchodzi nowy produkt, a firma, by go zaprezentować, organizuje specjalny wieczór, ambasador jest na nim obecny. Poproszony o wypowiedź, wcale nie ma obowiązku wychwalania pod niebiosa, ale rzeczywiście trudno nie chwalić, bo kremy fantastyczne. A bielizna?! Przyznaję, że do niedawna nosiłam bieliznę sportową, ceniąc sobie przede wszystkim wygodę. Byłam przekonana, że koronki, choć sexy, drapią i cisną (jako że rzadko widywałam mój rozmiar 80B, często z braku laku kupowałam 75B, wyobrażasz więc sobie, z jaką ulgą zdejmowałam ten biustonosz zaraz po powrocie do domu!). Aż tu nagle, dzięki Chantelle, odkryłam, że biustonosz może być i seksowny, i piękny, i wygodny! Jak tu się nie zachwy-

z Marią Pakulnis i Dominiką Ostałowską, ambasadorkami Chantelle

cać! A jeśli w dodatku dostajesz pod choinkę w prezencie prześliczną haleczkę zdobioną kryształkami Swarowskiego! (Ania Popek – moja współambasadorka – uszyła nawet specjalnie sukienkę odsłaniającą fragment tej halki i wcale się nie dziwię, bo aż serce boli, że nikt tego cuda nie widzi!).

Kiedy pierwszy raz byłam u Kuby Wojewódzkiego, posadził mnie na kanapie z Martyną Wojciechowską. I tak nas skontrastował: jedna walczy, a druga nic nie robi. Martyna jest dosłownie wszędzie, wyrasta, gdzie jej nie posieją. A tę drugą, Wolszczak, to ledwo widać. Wojciechowska wie, czego chce – to postać aktywna, realizująca swoje plany – a ta druga (czyli ja) melepeta, „siedź w kącie, znajdą cię", świat zupełnie niechcący się o niej dowiedział. Dlaczego? – pytał. Zaczęłam się jakoś bronić, tłumaczyć niemrawo. I dopiero w domu stuknęłam się w głowę! Typowy objaw „inteligencji schodowej". A po co ja się w ogóle tłumaczyłam? Czy naprawdę moje życie i ja sama nic nie byłam warta w czasach, kiedy jeszcze nie byłam bohaterką kolorowych czasopism?! Ha! Czy „świat" to są właśnie te czasopisma i media w ogóle?! Gdyby Kuba z dziesięć lat wcześniej dowiedział się

z Małgorzatą Kożuchowską i Joanną Liszowską

o moim istnieniu – czy to by świadczyło o tym, że mam charakter, wiem, czego chcę? Notabene, nie miałam zielonego pojęcia, kim jest i jak wygląda Wojewódzki, kiedy szłam do tego jego programu. „Nie boisz się?" – pytał mnie wtedy w garderobie śp. Waldek Goszcz (główny bohater telenoweli „Adam i Ewa"). „Czego?". W ogóle nie wiedziałam, o co mu chodzi. No i się dowiedziałam!

„Pani taka sławna, jak pani sobie z tym radzi?". I nie wiem nigdy, czy dziennikarka, która zadaje takie pytanie, kpi sobie ze mnie, chce mi zrobić przyjemność (podlizuje się?), czy naprawdę w to wierzy. Że ja sławna, że gwiazda? Cierpliwie odpowiadam w kółko to samo: „Proszę Pani! Sławna to jest Krystyna Janda. To ona ma Złotą Palmę z Cannes i ona zagrała w paru najważniejszych filmach polskich. Ja nie. Ja jestem co najwyżej popularna". A gwiazdy w tym kraju? Zobaczyłam je aż nadto jasno, na meczu, na który ładnych parę lat temu wybrałam się z małoletnim Filipem. Mecz rozgrywał się między drużynami RAP-u (Reprezentacja Artystów Polskich) a Big Brotherem. Trzeba było widzieć ten szał na trybunach, kiedy na murawę wchodzili Gulczas czy Klaudiusz (pamiętasz ich jeszcze?). I całkiem umiarkowany entuzjazm na pojawienie się Pazury czy Lubaszenki. A przecież to ci drudzy mają na swoim koncie wybitne osiągnięcia. Status „gwiazdy" nadają media, to one wrzucają do jednego worka ludzi wybitnych, utalentowanych i przeciętniaków z ładnymi buziami, bo pannom się podobają, więc trzeba ich pokazywać, bo słupki oglądalności idą w górę, więc reklamodawcy... i tak spirala się nakręca i wypycha te „gwiazdy" na sam szczyt. A „gwiazda" czasem daje sobie wmówić, że jest niezwykła, wyjątkowa, wspanialsza niż inni, więc więcej jej się od życia należy niż tym innym, „zwyczajnym" ludziom. Zwłaszcza kiedy ten zawrót głowy, szum prasowy, pisk nastolatek, dopadają człowieka młodego, zanim go życie zahartowało i pokazało mu swoje pułapki. W dojrzałym wieku ma się większy dystans do siebie i własnych możliwości, bo nieraz się już siedziało na kole Fortuny. To z kolei moja odpowiedź na zdziwienie: „O rany! Jaka Pani normalna!".

Mój sposób bycia prywatny wcale się nie różni od przeznaczonego na użytek publiczny. Co poniekąd wyszło podczas programu Szymona Majewskiego, który mnie „wkręcił" w „Mamy cię!" na całego! – ale jednak nie wydusił nic kompromitującego... (no, może poza tym, że nie pamiętałam daty rewolucji francuskiej).

Otóż zostałam zaproszona na spotkanie z jakimś Włochem, który chciał, bym została ambasadorem jego akcji charytatywnej.

I tak... Rozmowa się wyraźnie nie klei, ponieważ nie mogę się dopytać, czego konkretnie ten pan się po mnie spodziewa. Aż tu nagle podchodzi do nas dziesięcioletnia dziewczynka z głową obwiązaną chusteczką i mówi: „Nudzę się, wujku". (Oficjalnie była chora na zapalenie ucha – i nie poszła do szkoły z powodu choroby. Faktycznie zaś miała w tym uchu słuchawkę, przez którą jej podpowiadali, co mówić). Po chwili Włoch na moment odchodzi, zostawiając mnie sam na sam z małą przy stoliku.

A dzieciak wertuje jakąś wielką księgę i zagaja: „Wie pani, co ja czytam?! – to jest o budowie silników odrzutowych". A potem pyta: „A wie pani, jak wygląda liść miłorzębu japońskiego?!" – i zaczyna go rysować. Mała zaczyna mnie ciekawić, ale się nie dziwię: Genialne dziecko! To oczywiste! Takie dzieci się zdarzają! A dziewczynce się buzia nie zamyka – okazuje się, że wie o mnie wszystko!... Zna nawet moje małe rólki z dubbingu, o których sama już zapomniałam! – i z jednej strony oczywiście to pochlebiające i miłe, ale z drugiej – nie do końca normalne... e, jak geniusz, to geniusz.

„A wie pani, ja umiem tak liczyć na palcach, mam taką metodę. Niech pani mi poda dwie długie liczby... mnożenie czy dzielenie – wszystko jedno – ja na palcach policzę!" – i podaje mi kalkulator. Już zniecierpliwiona wymądrzaniem się małej i przedłużającą się nieobecnością wujka, podaję na odczepnego do pomnożenia dwie liczby pięciocyfrowe. Splotła dziwnie palce i po chwili podała prawidłowy wynik... Dopiero to zrobiło na mnie piorunujące wrażenie. No nie, musi mnie tego nauczyć, a ja nauczę Filipa!... Nabrała mnie kompletnie. Natomiast ominęłam najstraszniejszą z możliwych pułapek: nie skłamałam dziecku, nie zaczęłam się kreować na mądrzejszą, niż jestem – przyznałam się do własnej ignorancji „Powinnam wiedzieć, więc nie mów nikomu, że nie pamiętam" (rewolucja francuska).

Tabloidy traktują mnie łagodnie (puk, puk, znowu odpukuję). Nie jestem dla nich atrakcyjna. Ustabilizowane życie osobiste, żadnych skandali. Po prostu nuda! Nigdy żaden paparazzi nie polował na moje zdjęcie. Za to Piotr Gąsowski jest ich „ulubieńcem". Śledzą go i wyżywają się niemiłosiernie, wymyślając niestworzone historie jako podpisy do złowionych fotek. Kiedyś po takiej serii najdziwniejszych enuncjacji na swój temat poprosił o spotkanie z naczelnym najbardziej aktywnego tabloidu. I ten naczelny ponoć przyszedł z ochroniarzem, pewnie się bał, że oberwie... Podczas ich rozmowy zaś padły słowa, które „wyjaśniły" sytuację: „Panie Piotrze, my nic do pana nie mamy, my nawet pana lubimy – ale ten profil gazety potrzebuje bohatera negatywnego – i jakoś tak padło na pana".

Rozstali się z obietnicą, że się odczepią. Ktoś inny miał odtąd pełnić tę funkcję... Też za niewinność.

Najbardziej bezczelnym zabiegiem tej prasy są fotomontaże. Katarzyna Skrzynecka wytoczyła proces brukowcowi, który sfałszował zdjęcie z pewnej imprezy: Kasia tańczyła tam w objęciach męża. Lecz redakcja wycięła głowę męża – i wmontowała na jego ramionach... głowę jej byłego narzeczonego. Na zdjęciu obok widniał z kolei jej mąż, stojący samotnie przy barze – z dorysowanymi rogami, i odpowiednim komentarzem. Właściwie można by machnąć ręką lub nawet śmiać się z takich bzdur, ale to nie takie proste. Jest rodzina, której życzliwe sąsiadki przynoszą gazetę: „Widziała pani?...". Bywają też konsekwencje zawodowe: brukowiec pisze, że aktor na przykład pije. Przy układaniu obsady nowego filmu, serialu, teatru pada nazwisko tego aktora, a ktoś się odzywa: „Jego nie bierzemy, podobno pije!". Nikt nie pamięta już, skąd ta wiadomość, wystarczy, że obiła się o uszy. Zrób to dla mnie, kochana, nie kupuj tego draństwa! A jak już nie możesz się powstrzymać (wiadomo, plotki są kuszące), miej przynajmniej świadomość, że trzy czwarte tych newsów to bzdury. Nie w każdej plotce tkwi ziarno prawdy!

Postanowiłam i w tej sytuacji poszukać pozytywu i wymyśliłam tak: właściwie paparazzi i tabloidy stoją, chcąc nie chcąc, na straży moralności i dobrych obyczajów. Ponieważ są wszędzie, sprawują nade mną nieustanną kontrolę: muszę się bardzo pilnować. Nie mogę w publicznym miejscu upić się i tańczyć nago na

stole, choćbym poczuła przypływ takiej luzackiej chętki. Muszę też pilnować języka! A gdybym tak na przykład miała ochotę na romans z nieznajomym, to też byłoby trudne: ledwo wejdę do knajpy, ludzie przyglądają się, z kim siedzę przy stole i jak się zachowuję – mnie pilnuje prasowe i społeczne oko. Świadomość, iż jestem obserwowana, inwigilowana – i recenzowana na okrągło – bardzo hamuje i uczy przezorności… No, dosyć! Zagalopowałam się… To miał być oczywiście żart! Ale nie bardzo śmieszny… Bo nie daj Boże potknąć się i przewrócić na ulicy, taki upadek mógłby zostać uwieczniony i sprzedany z podpisem: „Pijana Wolszczak leży na chodniku". Była zresztą seria takich zdjęć, jak znany kolega podnosi z chodnika znaną koleżankę, drobny wypadek urósł do skandalu i napsuł krwi, nie wiadomo po co.

Bycie Gwiazdą lub „gwiazdą" to także bankiety, imprezy i imprezy, i bankiety. Właściwie codziennie jest okazja do wyjścia z domu. Już Ci opowiadałam o moich dylematach, dlaczego niechętnie ruszam się wieczorami z domu (str. xx). Dodam jeszcze parę powodów. Na pewno uważasz, że mi odbiło, myślisz, że to cudownie móc bywać w tym kolorowym świecie pełnym celebrities, z pysznym jedzeniem, koncertem muzycznej gwiazdy lub pokazem mody znanego projektanta. Ale pomyśl tylko; nie możesz pójść ot, tak sobie, nieobowiązująco, bo jak tylko wejdziesz, zaczną Cię fotografować, a zdjęcia te trafią do kronik towarzyskich w kolorowych czasopismach. Pół biedy, jeśli tego dnia miałaś zdjęcia do filmu czy serialu, wtedy przynajmniej Twoja fryzura dobrze wygląda, a to połowa sukcesu. W co się ubrać? Ból głowy! Czy mogę szósty raz pójść w tym samym? A kto mi zabroni? No i teraz wbić się jeszcze na wysokie obcasy,

z Pawłem Delągiem

w których trzeba będzie wytrzymać parę godzin (a moje stopy zdecydowanie odmawiają). Jak już dotrzesz na miejsce, będziesz miała dużo szczęścia, jeśli trafisz na znajomych, z którymi w dodatku można będzie swobodnie pogadać, wtedy wieczór jest udany, ale jakże często trafiasz w tłum nieznajomych, a muzyka nie pozwala zamienić nawet słowa bez wrzeszczenia do ucha. Wtedy ewentualnie możesz się upić, ale po pierwsze, przyjechałaś samochodem, a po drugie, nazajutrz musisz być o 7.10 w pracy. Nadal nie rozumiesz?

Praca aktora to, jak już parę razy wspomniałam, sztuka udawania. Na planie filmowym do „udawania" sytuacji, uczuć, emocji dochodzi jeszcze udawanie pór dnia, pór roku i pogody. Z porami dnia jest łatwo. Daje się je „oszukać" we wnętrzach, a zajmuje się tym operator. W dzień nakleja na szyby specjalną folię przyciemniającą, dodaje odpowiednie światło i oto czary-mary – z dnia robi się

noc. Wieczorem, dopalając odpowiednie lampy, operator może przedłużyć dzień. Gorzej z pogodą, bo jej nie da się okiełznać i przystosować do potrzeb filmu. I tak w „Ja wam pokażę!", którego akcja rozgrywa się w ciągu całego roku, a zdjęcia kręcone były w sierpniu i pierwszych dniach września, bywały dni, w których w kożuszku i kozakach biegałam (dosłownie) w trzydziestostopniowym upale. Natomiast scenę ślubu i wesela kręciliśmy w górach; pogoda fatalna, a temperatura spadła do trzech, czterech stopni Celsjusza. Tymczasem ja w sukni ślubnej z odkrytymi ramionami i welonie. A jedno z ujęć (pod napisy końcowe), kręcone z helikoptera, pokazuje, jak szczęśliwi państwo młodzi biegają sobie po łące. Łąka okazała się chaszczami do kolan, w dodatku – mokrymi chaszczami. Przemarznięci, biegamy z Pawłem Delągiem po tych chaszczach, grając (udając) szczęście nieopisane, aż tu nagle – ryms! – wykładam się jak długa – pociągając mego partnera za sobą, a raczej na siebie. Wykończona i załamana, bo suknia z wypożyczalni, tłumaczyłam za chwilę, jak te zielone plamy się na niej znalazły. I nagle dwie śliczne, młode statystki, także rozgrzewające się herbatą, wzdychają: „Ale my Pani zazdrościmy!". Nie wierzę własnym uszom. „Czego?". „No, że pan Deląg... na Panią, każda by przecież tak chciała!". Nie, na to bym w życiu nie wpadła! A może one mają rację, może to faktycznie szczęście? Paweł Deląg u boku. Żeby tylko u boku! Tysiące kobiet mi zazdrości, a ja marudzę! Po prostu wstyd!

⊃ CIUCHY

Marilyn Monroe powiedziała, że pieniądze szczęścia nie dają – dopiero zakupy. No i to oczywiście jest i dowcipne, i trafia w samo sedno, ale nie mnie dotyczy. Uwielbiam nowe ciuchy, ale zakupów nienawidzę! Nigdy nie mam pewności, co do czego pasuje. Wisi superbluzka, ale ja nie widzę do niej reszty – więc odchodzę z bólem głowy (to nie przenośnia! Naprawdę po godzinie w centrum handlowym boli mnie głowa). Dlatego z przyjemnością odkupuję ubrania z sesji zdjęciowych, które przygotowują fachowcy. No i kocham „Solar!" – bo nie dość, że kolekcje zawsze grzechu warte, to w dodatku ta firma ubiera mnie czasem od stóp do głów, a jest przy tym stylistka, która proponuje od razu całe zestawy – z dodatkami (pasek, torebka). A ja marudzę albo nie i do tego się ogranicza moja rola. Wychodzę stamtąd szczęśliwa. Przypuszczalnie jak sama Marilyn Monroe zaraz po zakupach!

Kiedy zaś jestem w prawdziwej potrzebie, kiedy muszę pojawić się na scenie podczas wielkich gali, które prowadzę lub wręczam nagrody, na przykład na Festiwalu Polskich Filmów Fabularnych w Gdyni, Maciej Zień, Dawid Woliński, Gosia Baczyńska czy Natalia Jaroszewska zawsze mnie poratują jakąś perełką ze swoich kolekcji. Moda z całą pewnością jest sztuką, a projektanci artystami. I żeby móc przyjrzeć im się z bliska, to istotnie dobry powód, aby zostać celebrities! Jedyny problem – zmieścić się w to. Bo te sukienki są zwykle z pokazów mody, a sama wiesz, jak wyglądają modelki!... Ale ostatnio młody gdański projektant Cyprian Medard specjalnie dla mnie uszył zjawiskową sukienkę. Żyć, nie umierać!

Rozumiem ideę polowania na niepowtarzalne egzemplarze w second handach i zazdroszczę dziewczynom, które przynoszą stamtąd nieprawdopodobne rzeczy (Kayah). Ja wchodzę – i nie widzę nic. A obok mnie inna pani właśnie dokonuje zapierającego dech odkrycia! Z grzybami w lesie jest to samo – ja chodzę i szukam, a za mną ktoś inny je zbiera!

Wybacz więc, ale nie ośmielę się radzić Ci, w co i jak się ubrać. Ale za to przekażę parę rad prawdziwych specjalistek: Trinny Woodall i Susannah Constantine, świetnie Ci znanych z TVN Style. One Ci powiedzą, jak się ubierać, a zwłaszcza „Jak się nie ubierać". Oto co piszą: „Korzystny wygląd zależy w dużej mierze od uświadomienia sobie dwóch rzeczy; w czym Ci dobrze, a czego nie powinnaś nosić. Trzeba pogodzić się z faktem, że niektóre części naszego ciała nie są najpiękniejsze, a niektóre stroje uwydatniają jedynie te niedoskonałości". Brakuje Ci wiary w siebie i jesteś przekonana, że strój niewiele może zmienić, że dobry wygląd to wyczyn poza zasięgiem Twoich możliwości? A może masz zwyczaj mówić, że strój jest bez znaczenia, kiedy ma się osobowość? A Twojego partnera nie obchodzi, że wyglądasz jak kloszard w spódnicy, ponieważ naprawdę kocha Cię taką, jaka jesteś? Wierutna bzdura! Nie ma wśród nas takiej, która nie chciałaby poprawić swojego wyglądu! Żeby to osiągnąć, powinnaś ubierać się tak, by uwypuklić wszystko, co Ci szczególnie w Twoim wyglądzie odpowiada, oraz skrzętnie ukryć to, czego w nim najbardziej nie lubisz.

⊃ ZŁOTE ZASADY KOMPLETOWANIA GARDEROBY

Gdy masz duży biust:

⊃ Nigdy nie noś ubrań z wysoką stójką, dekolty wskazane! (Nie odsłaniaj go, jeśli jest zniszczony wiekiem lub słońcem).

⊃ Zrezygnuj ze swetrów robionych grubym ściegiem.

⊃ Nie wychodź z domu bez przetestowania biustonosza. Jeśli w lustrze wyraźnie widzisz jego kontury, zmień go.

⊃ Unikaj ściągaczowych kołnierzyków typu polo.

⊃ Nigdy nie wkładaj bielizny ciemniejszej niż ubranie.

⊃ Żaboty zabronione!

Gdy masz bardzo mały biust:

⊃ Głębokie dekolty raczej nie dla ciebie – obnażają boleśnie pustą przestrzeń.

⊃ Gorsety są dla kobiet z biustem.

⊃ Jeśli jesteś płaska jak deska, noś ubrania sięgające wysoko pod szyję.

Wkładki powiększające muszą zawsze być zabezpieczone porządnym biustonoszem; w przeciwnym wypadku podczas obiadu wpadną Ci do rosołu.

⊃ Plecy są seksowną alternatywą, więc utrzymuj je w świetnym stanie (peeling), by od czasu do czasu odsłaniać.

⊃ Jeśli nosisz sweter z wycięciem w serek, nie zapomnij włożyć pod spód koszulki z półokrągłym dekoltem.

Gdy masz grube ramiona:

⊃ Grube ramiona powinny zawsze być w rękawach.

⊃ Krótkie rękawki zabronione – jeszcze bardziej optycznie powiększają potężne ramiona.

⊃ Drobny wzorek na materiale świetnie ukrywa zwały ciała pod nim.

Gdy masz dużą pupę:

⊃ Nigdy nie noś żakietów odsłaniających pupę.

⊃ Widoczny zarys majtek jest nieestetyczny.

⊃ Nie noś spodni z wysoką talią, w nich Twoja pupa wydawać się będzie ogromna.

⊃ Noś spodnie biodrówki.

Gdy nie masz talii:

⊃ Nigdy nie noś workowatych ciuchów.

⊃ Głęboki dekolt w kształcie V optycznie zwęża talię.

⊃ Kup sobie gorset.

⊃ Szeroki pasek wokół bioder pomaga stworzyć wrażenie wąskiej talii.

⊃ Obciskająca bielizna działa jak wałek na ciasto – spłaszcza wszystko.

⊃ Dopasowane w pasie, rozpięte płaszcze stwarzają wrażenie wcięcia w talii.

⊃ Wyeliminuj wszystkie ubrania z dwurzędowym zapięciem.

sesja dla tygodnika „Gala", 2001 r.

Gdy masz krótkie nogi:

⊃ Spodnie rybaczki nie dla Ciebie – podkreślą Twój defekt.

⊃ Unikaj także obcisłych spodni – przyciągają uwagę do miejsca, gdzie kończy się pupa, a zaczynają nogi.

⊃ Nogawki spodni zawsze muszą dotykać ziemi, zwłaszcza przy butach na wysokim obcasie.

⊃ Nigdy nie noś spódnicy z obniżoną talią, Twoje nogi jeszcze bardziej się skrócą.

⊃ Wskazane sukienki i spódnice noszone na spodnie.

⊃ Przestrzegaj zasady: kolor butów, skarpetek i spodni musi być zharmonizowany.

Gdy masz duży brzuch:

⊃ Nigdy nie noś spódnic i spodni biodrówek.

⊃ Unikaj lśniących materiałów przylegających do ciała.

⊃ Noś rzeczy spływające po ciele, a nie opinające.

⊃ Noś suknie i topy w stylu emipre, tzn. odcięte pod biustem.

⊃ Nie noś pasków w talii.

⊃ Żadnych kusych bluzeczek, nawet przy minimalnie zaokrąglonym brzuszku.

Gdy masz obfite biodra (duży tyłek, mówiąc wprost):

⊃ Nigdy nie noś sukienek i spódnic szytych ze skosu.

⊃ Unikaj żakietów do bioder – podkreślą Twoje wielkie uda.

⊃ Noś spódnice w kształcie litery A.

⊃ Noś spodnie rozszerzane lub dzwony.

⊃ Płaszcze są lepsze niż żakiety.

⊃ Legginsy zabronione!

Gdy masz krótką szyję:

⊃ Obwieszanie się złotą biżuterią jest niedopuszczalne. (Żadnych grubych naszyjników).

⊃ Z biżuterii najlepsze długie kolczyki.

⊃ Golfy zabronione – pogłębiają wrażenie krótkiej szyi.

⊃ Im więcej ciała odsłonisz między twarzą a biustem, tym dłuższa będzie wydawała się szyja – im głębszy dekolt, tym lepiej.

Gdy masz grube kostki i łydki:

⊃ Botki to najlepsze wyjście!

⊃ Szpilki to nie najlepsze wyjście.

⊃ Nigdy nie opasuj kostki, pasek może być zapięty tylko poniżej.

⊃ Nie noś przylegających do ciała spódnic.

⊃ Długie spódnice są dla Ciebie idealnym rozwiązaniem (nawet jeśli jesteś wzrostu siedzącego psa).

⊃ Nie noś spodni rybaczków.

⊃ Nie noś też sukienek i spódnic o długości trzy czwarte.

⊃ JAK SIĘ UBRAĆ, GDY JESTEŚ DUŻA?

Kiedy jesteś duża, widać Cię na kilometr, kotku. Także z powietrza. To super! Bo nikt Cię nie przeoczy: nie ma jak. To są fory! Jednak ta korzystna sytuacja ma minus: jesteś na cenzurowanym. Tobie nic nie ujdzie płazem! Chuderlawy, źle ubrany „wieszak" jeszcze jakoś się przemknie pod ścianą, ale Amazonka nigdy!

Im jesteś tęższa, tym mniejsze jest pole manewru. Stąpasz po polu minowym: musisz być nienagannie elegancka. Jeśli Cię na to nie stać – pomyśl o odchudzaniu: chyba mniej roboty, a zdrowiej! I raczej skazana jesteś na klasyczny styl: pozostałe są ryzykowne. Nie możesz się ubrać w strój obszerny i ozdobny jak namiot Dżyngis-chana. Twoje ubranie nie może być workowate ani za luźne (jeśli masz złudzenia, iż zamaskujesz tuszę – to zarzuć serwetę na pomnik żołnierzy radzieckich i zobacz, czy optycznie zmalał oraz nabrał wdzięku). MUSI być dobrze dopasowane. (Co nie znaczy obcisłe, za małe lub z lycrą – opinające oponki i serdle)!

Twoja postura żąda dobrze uszytego kostiumu lub sukni. Zapamiętaj:

⊃ Pierścionki zamieniają palce w kiełbaski, duże brzęczące naszyjniki skracają szyję (noś wyłącznie bransoletki i klipsy; im większe, tym lepiej!).

⊃ W ciemnych barwach łatwiej o wrażenie, że sylwetka jest zgrabna; zapewniają wyrazisty kształt sylwetki! (Noś zatem czernie, głębokie ciemne czerwienie, ciemne granaty i ciemnozielony. Białe ubrania także, lecz pod warunkiem, że są świetnie skrojone).

⊃ Pod spodem sexy bielizna. Gatunkowa. Choćbyś miała codziennie (ręcznie) prać swą jedyną parę eleganckich majtek i biustonosz – nie noś bielizny „dla matek" z supermarketu! Chyba że chcesz odstręczyć swego faceta (uwaga! – skutkiem ubocznym może być poczucie własnej szpetoty).

⊃ JAK SIĘ UBRAĆ NA WYSTĘP W TELEWIZJI

wg stylistki Anny Męczyńskiej

⊃ Kolory: kamera nie lubi bieli i czerni. Mogą być pastele: błękity, lekkie róże, kość słoniowa.

⊃ Wzory, makijaż: im prościej i naturalniej, tym lepiej.

⊃ Sylwetka: kamera optycznie dodaje kilogramów! – wskazane jest wszystko, co optycznie wyszczupla, na przykład trójkątny dekolt w literę V (a jeżeli masz po bokach Wały Zegrzyńskie z tłuszczu, to najlepiej włóż marynarkę lub żakiet).

⊃ Biżuteria: bez brzęczących bransolet, bo potem dźwiękowcy płaczą, gdyż w tle rozmowy mają chrzęsty i chrupoty.

⊃ Jeżeli wiesz, do jakiego programu idziesz, przypomnij sobie scenografię – żeby kolor Twojego ubrania nie zlewał się z tłem.

z Małgorzatą Kożuchowską

175

⊃ PORZĄDEK W SZAFIE

Staraj się mieć wszystko czyste i wyprasowane – żeby móc coś włożyć, trzeba najpierw móc to znaleźć.

Przeanalizuj dokładnie zawartość swojej szafy – uzyskasz dwa razy lepszy efekt, niż spędzając cały dzień na zakupach. Wyrzuć ciuchy, w których źle wyglądasz – nawet jeśli myślisz o nich jak o starych przyjaciołach. Włóż swój ulubiony strój i spróbuj ustalić, co tak bardzo Ci w nim odpowiada. Co on ukrywa, a co eksponuje? I odwrotnie. Włóż coś, czego nie lubisz, i zadaj sobie pytanie, dlaczego nie wyglądasz w tym korzystnie. A następnie wyrzuć! Jeśli żal Ci wyrzucić, oddaj to koleżance inaczej zbudowanej niż Ty. Kto wie, może będzie zachwycona!

Poukładaj rzeczy w szafie w zestawy kolorystyczne, dzięki czemu zawsze będziesz miała się w co ubrać. Pamiętaj o butach do każdego zestawu (czarnych i brązowych butów nie nosi się do jasnych ubrań).

⊃ OPALANIE

Miałam około trzydziestki, gdy pojechałam do Łodzi na casting do filmu „Cyganka Dondula". Cyganka była do zagrania, więc charakteryzator posmarował mnie grubo „orzechową bejcą": nagle zaczęłam wyglądać na pięćdziesiątkę, i to taką po przejściach. Na szczęście od razu zrozumiał swój błąd: zmienił podkład na jaśniejszy, położył cieniuteńką warstewką – a ja... dostałam tę rolę! (Tam pierwszy raz całowałam się z Cezarym Harasimowiczem – służbowo). Odtąd wiem, że kolory kosmetyków muszą być idealnie dobrane do kolorytu cery. I że trzeba uważać z opalaniem się.

Opalenizna jest niestety wciąż modna – i chociaż lekarze coraz głośniej ostrzegają, wciąż uchodzi za jeden z symptomów zdrowia, urody i powodzenia w życiu. Sama kiedyś miałam takiego hopla, żeby nie mieć na ciele nawet jednego białego paseczka.

W liceum smażyłam się więc w solarium w Sopocie, mimo podglądaczy z lornetkami wiszących czasem na drzewach... (Aha! – słowo „solarium" miało wtedy inne znaczenie. W Sopocie był to specjalny dach, na którym, za zgodą PZPR oraz władz samorządu terytorialnego, za drobną opłatą panie opalały się nago we własnym towarzystwie pod gołym niebem: damska plaża na wysokości trzeciego piętra...). Nie wiem, po co to robiłam – bo ciała mi przecież jeszcze nikt nie oglądał, nie podziwiał jednolitej opalenizny; ale człowiek robi najdziwniejsze rzeczy. Potem latami opalałam się na plaży, aż słońce wycięło mi okrutny numer: nabawiłam się trwałych przebarwień, z którymi walczę z większym lub mniejszym powodzeniem. Kilka lat temu używałam pigułek hormonalnych. I, nieświadoma ich działań ubocznych, wybrałam się na Kretę. Tak pojawiły się plamy, które trudno zamaskować.

Gorzko doświadczona – jestem ekspertem od opalania. Zamorduję, jak mnie nie posłuchasz!

⊃ Słońce i antykoncepcja hormonalna się wykluczają. Albo – albo!

⊃ Podczas opalania nie używaj perfum, wód toaletowych ani kolońskich. W tych miejscach możesz się od nich dorobić brązowych plam, które pozostaną na dłużej; oby nie na zawsze (Czarek ma taką rozległą plamę na szyi, ale mężczyzny aż tak to nie szpeci).

⊃ Nigdy nie igraj ze słońcem! Stosuj ogromne ilości kremów z filtrami – preparat nałóż 30 minut przed wyjściem na słońce, żeby zdążył dobrze wniknąć w skórę.

⊃ Wybór filtra zależy od karnacji – i opalenizny, którą już masz, od pory roku oraz miejscowości, w której się znajdujesz. Bezwzględnie zaczynaj od najmocniejszego filtra. W miarę pojawiania się opalenizny stosuj filtry coraz słabsze (nie zapominaj o uszach).

⊃ Unikaj słońca w południe (a dla pewności między godziną 9.00 a 15.00). Również w cieniu się opalisz, a opalenizna z cienia, o czym mało kto wie, jest o wiele trwalsza niż ta słoneczna.

⊃ Szczególnie chroń: nos, dekolt, kości policzkowe, ramiona, łydki oraz uda. Gdy opalasz się nago, uważaj na brodawki piersiowe – są wyjątkowo wrażliwe, a spieczone goją się długo.

⊃ Podczas upałów (nie tylko na plaży) kilka razy dziennie nakładaj pomadkę ochronną do ust z filtrem UV. Naskórek warg jest cienki i delikatny, a więc bardzo słabo chroniony.

⊃ Gdy nastąpi poparzenie, natychmiast uciekaj ze słońca – bo uszkodzisz głębsze warstwy tkanek. Zaczerwienione miejsca posmaruj kremem nawilżającym albo połóż okład z jogurtu lub maślanki.

Promieniowanie UV naprawdę potrafi uszkodzić spojówki lub rogówki. Kiedy idziesz na plażę – zawsze zabieraj okulary przeciwsłoneczne!

⊃ MAKIJAŻ

Makijaż jest jak ubranie. Musi pasować do pory dnia i okoliczności – inaczej Cię ośmieszy. Popatrz, jak dziwacznie wyglądają niektóre bizneswoman z wielkim zawodowym dorobkiem i inne panny o wielkim uroku osobistym, które stawiają się na wywiady w telewizji śniadaniowej z brokatem na powiekach! (muszą chyba domalowywać się w łazience, bo wcześniej przecież trafiają do charakteryzacji). I wyciągnij konstruktywny wniosek: ZAWSZE lepiej za mało efektu niż za dużo. Tylko małym dziewczynkom wolno się paćkać grubo i wszystkim jak leci – Ty stuknij się w głowę! Przed południem stosuj lekki makijaż. W trzy minuty powinnaś być gotowa. Im bliżej wieczora, tym więcej Ci wolno. Ale mocny makijaż jest zarezerwowany tylko na szalony bal karnawałowy.

Moda się zmienia, więc idź czasem na pokaz makijażu – robią je nawet w hipermarketach! Tam, na Tobie lub kimś innym, pokażą Ci, jak to się teraz robi. I choć raz w życiu zainwestuj w makijaż profesjonalny – bez żadnej ekstraokazji, niekoniecznie z okazji własnego ślubu. Przez te 40 minut spokojnie o wszystko wypytasz (nieraz to wiedza

bezcenna). Z namysłem obejrzysz, jaka się pod ręką fachowca staje Twoja własna twarz… Niby rodzona – a niesamowita.

Makijaż permanentny

Makijaż permanentny – odpada. Za wiele widziałam fuszerek, żeby Ci go polecać. Uciekaj, nawet jak trafisz na promocję!

Najbardziej ryzykowne są chyba zabiegi wokół ust. Zbyt ciemny pigment wstrzyknięty w ich kontur sprawia, że… go widać. Widać, że jest sztuczny: namalowany. Spójrz na Białorusinki, które malują brązową kredką zarys warg, a środek wypełniają jasną szminką – i się zastanów, czy naprawdę opłaca Ci się ryzyko, że zaczniesz wyglądać podobnie: od świtu do zmroku, co najmniej przez kilka lat?!

Jak ukryć mankamenty twarzy

Koniecznie kup korektor. Najlepiej w postaci wygodnego długopisu, zakończonego pędzelkiem. Korektor prawie biały rozświetli twarz (np. worki pod oczami), jest nieoceniony, zwłaszcza po nieprzespanej nocy; zielony (i niebieski) zamaskuje żyłki i zaczerwienienia; pomarańczowy – zatuszuje piegi; różowy – ożywi zszarzałą cerę; morelowy – doda ciepła ciemnej karnacji.

Nanosisz preparat punktowo, gdzie trzeba... Po chwili przykrywasz podkładem. Wszystko z wyczuciem, bo jeszcze położysz na twarzy kilka warstewek innych upięk-szaczy. Jak przesadzisz, trzeba Cię będzie potem spod tej skorupy odbijać młotkiem.

Korzystny podkład

Na podkładzie nie oszczędzaj! Niech więc będzie markowy.

Podkładem odrobinę skorygujesz rysy. Ogólna zasada: rozjaśniasz to, co chcesz uwy-puklić. Co chcesz schować – przyciemniasz.

Jeżeli starasz się o rentę, przed wyjściem na komisję lekarską wybierz podkład za ciemny dla swojej karnacji (postarzy Cię o dwadzieścia lat), nawal go grubo – i źle rozetrzyj. Zabieg powtórz, ilekroć czujesz, że chcesz – że naprawdę musisz! – być dzisiaj szkaradna.

A puder?

Pudru używam tylko na scenę. Na co dzień wystarcza mi matujący podkład. Uważam, że jak się człowiek trochę świeci – to jest naturalniejszy. Co najwyżej czubek nosa przypudruj, by nie wskazywał drogi żaglowcom we mgle, ewentualnie odrobinę na kości policzkowe, brodę, środek czoła i powieki – makijaż będzie się dłużej trzymał. Pamiętaj jednak, że nadmiar pudru skutecznie zamieni Ci twarz w maskę.

Puder, dobrej jakości, ma być o ton jaśniejszy niż podkład.

⊃ SZYJA

Szyja i dekolt to przedłużenie twarzy: tak samo widoczne, a bardziej delikatne! Nie-którzy specjaliści twierdzą nawet, że twarz kończy się... pod biustem (rany, ile na to trzeba kremu!) – ja kończę na dekolcie!

Szyja to Twoja metryka. Szyja najwcześniej się marszczy: dlatego chodź prosto, noś głowę na „wysokiej szyi" jak tancerki w balecie i gimnastykuj ją (zataczając szerokie kręgi, okręcaj głowę, aby brodą dotknąć ramienia).

Nie czytaj, leżąc na wznak (zwłaszcza tej książki!), bo wtedy niemal dotykasz pod-bródkiem mostka (a na szyi pogłębiają się Ci pierścienie). Z tych samym powodów śpij na płask: za to podziękuje Ci też kręgosłup.

Pamiętaj o szyi i dekolcie, gdy kładziesz na twarz krem albo maseczkę. Oklep (chociaż szyję) przy tej okazji dwa razy dziennie opuszkami palców: pyk-pyk-pyk!

Raz w tygodniu wmasuj w szyję odżywczy krem (zawsze od dołu do góry) – i wyma-suj ją miękką szczoteczką. Bardzo delikatnie, od środka ku bokom, aż do karku, za-kreślaj dłońmi koła: prawą ręką – po lewej stronie, lewą – po prawej. (Dekolt masu-je się identycznie: od środka, prawą ręką do lewego ramienia i lewą – do prawego). Głowę przechylaj zawsze w stronę przeciwnego ramienia niż to, do którego kieru-jesz dłoń. Na zakończenie ostrożnie, nie za mocno wymasuj środek szyi: od mostka – ku górze – aż do podbródka (tam gdzie tworzy się drugi podbródek, możesz trochę mocniej).

Uwaga! Dołu szyi nie masuj zbyt mocno – tam mieszka tarczyca, bardzo wrażliwa na ucisk.

⊃ RĘCE

Domowe sposoby

Dłonie starzeją się prędzej niż twarz. Przesuszają je detergenty (kup zmywarkę) – i (każde) mydło, którym codziennie myjesz ręce (dlatego od razu je nawilżaj, a na noc nie żałuj im swego kremu odżywczego do twarzy! Jeśli pomalutku wmasujesz krem od czubków palców w kierunku nadgarstka, połączysz odżywcze działanie kremu z masażem). Prababki ratowały zniszczone dłonie kompresami z podgrzanej oliwy: na wysmarowane oliwą ręce wkładały cienkie, bawełniane rękawiczki – i szły spać. Zrób to chociaż raz w miesiącu.

Aaaa... żebyś się nie nabiegała za rękawiczkami z czystej bawełny! Są w sklepach harcerskich i wojskowych w dziale z artykułami dla pocztów sztandarowych, a także w Ars Christianie wśród gadżetów komunijnych.

W ostateczności możesz ręce na noc zabandażować. I zażądać śniadania do łóżka.

Czerwone dłonie

Na temat tych czerwonych rąk (lub tylko stawów palców) musi się wypowiedzieć lekarz: to genetyka, odmrożenie czy zaburzenia krążenia?

Tak czy siak, unikaj kontaktu z lodowatą i za gorącą wodą. Przy zimnej pogodzie – i w deszcz – nawet gdy nie ma mrozu, noś rękawiczki ciepłe... (i wygodne, bo zbyt opięte tamują swobodne krążenie krwi: może dojść do odmrożenia). Przy większych mrozach noś luźne rękawiczki z jednym palcem, takie jak małe dzieci oraz Eskimosi. Zrób z nich swój znak firmowy, nic już nie masz do stracenia!

⊃ PAZNOKCIE

Paznokcie są modne raz dłuższe, raz krótsze. Ale Ty nie przejmuj się zanadto modą. Noś paznokcie, jakie chcesz – jakie możesz (ze względów praktycznych) – lub jakie lubisz. Rób, co chcesz – to Ty masz się dobrze czuć. Ważne, by były zadbane. Mam koleżankę, która nosi parocentymetrowe pazury – i jeszcze regularnie nakleja na nich kalkomanie w kwiatki – wygląda to... sama wiesz. Ale to jej namiętność oraz duma. I rozrywka, więc tak jest i tak ma być, tego wymaga jej osobowość! (Na szczęście, poza tym wygląda normalnie).

Proszę tylko o jedno – kiedy szpon Ci pęknie, to go spiłuj, a nie obgryzaj, załamana (po opiłowaniu – posmaruj wodoodpornym, przezroczystym klejem do paznokci. A następnie nałóż na to lakier).

Sama noszę dość krótkie paznokcie. Ich rozdwajanie się to moja zmora: choćbym chciała, nie wyhoduję długich. I nie pomaga nic, chociaż kupuję różne preparaty. W najlepszym wypadku pazury wzmacniają się tylko na ten moment, gdy coś łykam: po zakończeniu kuracji wszystko wraca do normy, znów się rozdwajają. Może znasz skuteczne lekarstwo?

⊃ PIELĘGNACJA I OCHRONA OCZU

Oczy podkrążone

Na wszelki wypadek sprawdź koniecznie, czy „podbite oczy" nie zwiastują aby choroby żołądka lub nerek. W tym przykrym wypadku im większe wory pod oczami, tym poważniejszy problem. (I zanim wyleczysz te nerki – stosuj korektor). Trzymaj też nerwy na wodzy, koleżanko, bo również osoby nadpobudliwe, nerwowe oraz przemęczone miewają podobną urodę.

Ale naturalne, „zdrowe" cienie pod oczami na pewno Cię nie szpecą. Wręcz stanowią o Twoim uroku! Jak dobrze rozegrasz ten atut, to nadasz sobie zmysłowy wygląd... kobiety, co ledwo wyszła z łóżka... do którego płeć męska ciągnie jak mrówki do cukierniczki na działce.

Gdy spuchły oczy

Kto dba o urodę, ten nie łka z byle powodu. Albo – płacze z premedytacją!

Przed spodziewanym atakiem rozpaczy zakup zatem w aptece specjalne żelowe okulary (trzyma się je w lodówce i wkłada na spuchlaki). Są też plasterki pod oczy, wymyślone na tę okoliczność.

Ale jeżeli stało się nagle – i do tego tarłaś oczy, a teraz wyglądasz jak panda – to:

⊃ Cyganki radzą utrzeć surowy ziemniak na miazgę, ziębić ją kwadrans w zamrażalniku i położyć zimny okład na powiekach: po kilkunastu minutach oczy powrócą do formy.

⊃ Agata Młynarska w awaryjnych sytuacjach sięga do lodówki po zwykłą torebkę z lodem i przykłada do oczu.

⊃ USTA

Usta trzeba odżywiać. Ja idę na łatwiznę: smaruję je kremem do twarzy. (Może dlatego są w kółko spierzchnięte?! Potem ulgę przynosi łagodzący krem witaminowy oraz odżywcza bezbarwna pomadka). Ale Ty, proszę, bądź rozsądniejsza.

Franciszek Starowieyski twierdzi, że po kolorze skóry... i warg umie ocenić jakość życia seksualnego swojej modelki. Hm...

⊃ JAK KORYGOWAĆ KSZTAŁT UST

Zdaniem psychologów, kobiety o starannie pomalowanych ustach są odbierane jako osoby pewne siebie. To kolejny powód, by się nauczyć malować po mistrzowsku... kredką dobraną do typu urody i koloru ubrania.

Jeśli usta są za wąskie

Używaj jasnych (np. perłowych) pomadek.

Narysuj kontur wargi górnej nieco powyżej naturalnego. Ale nie przesadź – bo Twój manewr się wyda... I będziesz wyglądać żałośnie!

Gdy usta są zbyt szerokie

Nanieś wyrazistą pomadkę na obie wargi... Jednak kąciki ust zostaw niepomalowane.

Gdy usta są za duże

Nie ma za dużych ust, chyba że wstrzyknęłaś za dużo kolagenu i wyglądasz jak Kaczor Donald. A wtedy – narysuj nowy kontur warg poniżej ich naturalnej linii. Wypełnij go ciemną pomadką, która „zmniejszy" usta.

⊃ ZĘBY

W średniowieczu uchodziły za piękności te panie, które miały wszystkie zęby – bo były rzadkością. Kanon urody właściwie mógłby się nie zmienić: w Polsce mało kto wciąż ma w dojrzałym wieku komplet własnych (zalakowanych) pereł.

Daruj sobie wybielanie zębów (chyba że chodzi o te martwe, które ciemnieją) oraz inwazyjne chemiczne zabiegi: raczej nie pij tyle kawy, gdyż barwi zęby, noś w torebce szczotkę oraz pastę... A ze dwa razy w roku kontrolnie zajrzyj do dentysty (a przy okazji każ sobie zdjąć kamień). I już możesz pozować do zdjęć!

⊃ ORTODONCJA

Już grubo po czterdziestce chodziłam przez półtora roku w klamrach na obu szczękach... – i nie żałuję. Też się zastanów: prawidłowy zgryz ma gigantyczne znaczenie dla zdrowia, nie tylko dla urody, a w praktyce przedłuża Ci młodość. Na zmiany nigdy nie jest za późno. Tym bardziej na ulepszenia.

⊃ WIADOMOŚĆ Z OSTATNIEJ CHWILI

Gazeta „Fakt" ogłosiła konkurs dla czytelników na najładniejszą pupę wśród celebrities. Nie ma co kiwać z ubolewaniem głową i cmokać, czym to ta prasa się zajmuje, bo... zajęłam trzecie miejsce! Za Dodą i Omeną Mensah. Zaznaczam, że obie dwudziestolatki! Z właściwą sobie skromnością nie wymienię koleżanek, które pięknie wykosiłam w tej konkurencji. A że musiałam sięgnąć po własną książkę (passus: „Jak przyjmować komplementy"), by nie zacząć odpowiadać na gratulacyjne esemesy, że to pomyłka, bo... to już inna sprawa. Widzisz, ja też mam nad czym pracować! No i żeby nie było tak słodko, cytuję komentarz jednej z internautek, „kariny", który to pękający ze śmiechu Czarek głośno przeczytał, ku uciesze Filipa (ja programowo nie czytam na swój temat żadnych komentarzy i recenzji w Internecie): „...grażyna wolszczak to stare pudło i wygląda jak stara pomarszczona kiełbasa!!!!!!!!!!!!!!". Możesz wierzyć lub nie, rozśmieszyło mnie to tak samo jak ich. Bo jakie tam ze mnie pudło, a tym bardziej kiełbasa! Stara?! Akurat! Spójrz na okładkę!!!

Rozdział 18

OSTATNI

Brukowce ujawniają wiek swoich ofiar na przekąskę, a podawane tam dane osobowe, pewnie dla nadania wiarygodności, są zgodne z prawdą. Przy moim nazwisku jednak pojawiają się zwykle liczby zawyżone. A to z tego prostego powodu, że urodziłam się w grudniu, a tabloidy nie bawią się w szczegóły, tak więc już od stycznia mam o rok więcej. Ale tak naprawdę, to zawsze miałam trudności w obliczeniu, nawet dla samej siebie, ile mam lat. Brzmi to może dziwacznie, a jednak – odkąd pamiętam – mój wiek psychiczny i fizyczny nigdy się nie pokrywały. W dniu dwudziestych pierwszych urodzin szlochałam mojemu współlokatorowi Jackowi Sobali w rękaw: „Jestem staraaaa! Teraz mam w życiu już tylko z górki… chociaż niczego, ale to niczego nie dokonałam!". Kolega patrzył na mnie jak na kretynkę, coś nawet próbował tłumaczyć, ale uznał, że lepsze będzie lekarstwo… Było go z pół litra, tego lekarstwa, ale nie pomogło; wisząc nad muszlą klozetową, poczułam się jeszcze starsza.

Jak widać, z prawidłową oceną swojego wieku miałam identyczny problem jak z oceną swych warunków fizycznych. I tak samo musiał minąć długi czas, bym z tym „czasem" doszła do ładu: jakbym musiała dojrzeć do młodości! Wiele więc wody upłynęło, nim się zorientowałam i przekonałam, że mimo upływu lat wciąż jestem do rzeczy (guzik mnie obchodzi, jeśli ktoś jest innego zdania!) – chociaż z kolei wciąż padam ofiarą nieporozumień z powodu wyglądu. „Co wy mi tu jakieś dziecko pokazujecie?!" – zdenerwował się Janusz Morgenstern, gdy przyszłam z nauczonym tekstem, zaproszona na casting do „Żółtego szalika". Zupełnie nie wyglądałam na czterdziestoletnią kobietę po przejściach. I tak marzenie o zagraniu u boku Janusza Gajosa rozwiało się jak dym! Zagrała Joanna Sienkiewicz.

Innym razem na plan „Gier ulicznych" Krzysztofa Krauzego przyszedł pan z dyktafonem, przedstawił się jako dziennikarz nie pamiętam już jakiej gazety, i zadał mi takie pytanie: „Czego pani, jako młoda aktorka, oczekuje po tej roli?". Zatkało mnie. Naprawdę nie mogłam już powiedzieć o sobie, że jestem młodą aktorką! A po drugie: nie oczekiwałam niczego. Byłam już na tyle długo w tym zawodzie, że wiedziałam: tu nie ma żadnych reguł; to, że zagram świetnie, wcale nie gwarantuje, iż posypią się następne propozycje. I na odwrót. (Swego czasu Andrzej Grabowski mówił wręcz: „Zagrałeś doskonale! I to dużą rolę. Więc teraz w nagrodę masz… karę – parę lat musisz odczekać". Pewnie już zmienił zdanie, bo teraz go pełno wszędzie…). Przeprosiłam redaktora – i uciekłam. Był zdumiony: początkująca, młoda i aktorka, a nie chce się lansować!

Teraz czuję się o wiele młodsza niż w młodości. Nie dźwigam na barkach świata, nie przytłacza mnie własna niedoskonałość i poczucie braku życiowego sukcesu. Nie ja pierwsza odkryłam, że czas to rzecz niesłychanie względna. Całkowicie uzależniona od psychiki – od podejścia do samej siebie...

Na koniec namawiam więc także Ciebie: jeżeli chcesz być zawsze młoda, piękna, zdrowa i bogata – posłuchaj mnie – kobiety, której się to już udało. A przynajmniej spróbuj! W końcu – co Ci szkodzi?

⟳ SPIS TREŚCI

sesja dla miesięcznika „Twój Styl"

BIBLIOGRAFIA

1. Michał Tombak „Jak żyć długo i zdrowo"
2. Robert T. Kiyosaki „Bogaty ojciec, biedny ojciec"
3. Louise L. Hay „Możesz uzdrowić swoje życie"
4. Don Gabor „Marzenia w zasięgu ręki"
5. Diane Brill „Cycuszki, chłopcy i szpileczki czyli jak się ubrać w niecałe sześć godzin"

PODZIĘKOWANIA

Serdecznie dziękuję wszystkim artystom fotografikom,
którzy pozwolili mi na wykorzystanie zdjęć:

Magdzie Wunshe: okładka, rozkładówka, str. 32, 95, 160, 188–189
Piotrowi Porębskiemu: str. 7, 10,18, 77
Wojtkowi Wojtczakowi str. 181
Andrzejowi Świetlikowi: str. 13, 24, 36, 99
Robertowi Zuchniewiczowi str. 42
Rafałowi Masłowowi str. 83,
Maciejowi Liese: str. 33, 80, 97
Michałowi Gmitrukowi str. 49
Grażynie Gudejko: str. 1, 69
Gabrielowi Bugajnemu: str. 53, 62
Marcinowi Tyszce: str. 60, 172–173, 174
Wojciechowi Bąkiewiczowi str. 68
Robertowi Wolańskiemu str. 85
Krzysztofowi Jarczewskiemu str. 20
Markowi Łebkowskiemu str.120
Agacie Adamczyk: str. 16, 62, 109, 155, 163
Dianie Domin: str. 65, 82, 153
Grzegorzowi Kozakiewiczowi: str. 64, 178
Pawłowi Mazurkowi: str. 144,168
Radkowi Nawrockiemu str. 129
Markowi Nelkenowi str. 63
Konradowi Korgulowi str. 143
oraz Studiu 69   str. 11, 14, 16, 17, 27, 67, 77, 78, 79, 85, 97, 103, 104, 107, 110,
113, 114, 121, 124, 125, 126, 131, 138, 139, 142, 145, 148, 150, 154, 159, 164,
166, 167, 168, 169, 175, 186

Projekt okładki i opracowanie graficzne:
Zbigniew Karaszewki

Redakcja:
Dorota Majeńczyk, Grażyna Nawrocka

Typografia:
Monika Lefler

ISBN 978-83-925602-3-4

Druk i oprawa:
Łódzkie Zakłady Graficzne
90-019 Łódź, ul. Dowborczyków 18

Elżbieta Majcherczyk
ul. Burakowska 5/7, 01-066 Warszawa
tel. 0-22 887 38 20, faks 0-22 887 10 73
www.bliskie.pl

Książkę można zamówić pod adresem:

„L&L" Firma Dystrybucyjno-Wydawnicza Sp. z o.o.
80-298 Gdańsk, ul. Budowlanych 64F
tel./faks: 0-58 520 35 57; faks: 0-58 344 13 38
infolinia: 0 801 00 31 10
www.ll.com.pl
www.ksiegarnia-ll.pl

MAR